AF195948

topfit

Deutsch

Rechtschreiben 2 für die Jahrgangsstufen 6/7

Herausgegeben von Christiane von Schachtmeyer
Verfasst von Andrea Hoffmann
Unter Beratung von Gerhard Schoebe

Oldenbourg

Textquellenverzeichnis:
S. 53: Isolde Heyne: Hexenfeuer. © 1990 by Loewes Verlag, Bindlach, S. 7f.
S. 59,118: Nach: Landesdenkmalamt Baden-Württemberg und der Stadt Zürich (Hrsg.), Stadtluft, Hirsebrei und Bettelmönch. Die Stadt um 1300. Katalog zur Ausstellung, Stuttgart: Konrad Theiss 1992, S. 351f.
S. 66,120: Nach: WAS IST WAS, Band 106, Burgen, Tessloff Verlag, Nürnberg.
S. 86: Nach: WAS IST WAS, Band 106, Burgen, Tessloff Verlag, Nürnberg.
S. 98: Nach: Reinhard Lebe: War Karl der Kahle wirklich kahl? Historische Beinamen – und was dahintersteckt. © 1990 Deutscher Taschenbuch Verlag, München.
S. 108,126: Nach: WAS IST WAS, Band 106, Burgen, Tessloff Verlag, Nürnberg.

Umschlagkonzept: Mendell & Oberer, München
Gestaltungskonzept, Layout und Umschlag: Erasmi & Stein, München
Lektorat: Anne-Kathrein Schiffer, Monika Renz (Assistenz)
Herstellung: Jakob Buxeder, München
Illustration: Cleo Petra Kurze, Berlin
Satz: Popp Media Service, Augsburg
Reproduktion: Rehms & Brandl GmbH, München

1. Auflage, 14. Druck 2022

Alle Drucke dieser Auflage sind untereinander unverändert
und im Unterricht nebeneinander verwendbar.

© 2008 Oldenbourg Schulbuchverlag GmbH, München
© 2021 Cornelsen Verlag GmbH, Berlin

Druck: H. Heenemann, Berlin

ISBN 978-3-637-00324-8

PEFC zertifiziert
Dieses Produkt stammt aus nachhaltig
bewirtschafteten Wäldern und kontrollierten
Quellen.
PEFC™
PEFC/04-31-1156
www.pefc.de

Sehr geehrte Kollegin, sehr geehrter Kollege,

die Reihe *topfit Deutsch* besteht aus Übungsheften zu den Bereichen „Grammatik und Zeichensetzung", „Rechtschreiben" sowie „Argumentieren" und „Lesekompetenz". Die Hefte sind für die Verwendung in Ihrem Unterricht konzipiert und sind **lehrwerksunabhängig** aufgebaut. Sie können als **begleitendes Zusatzmaterial** zu dem in Ihrer Schule eingeführten Lehrwerk, aber z.B. auch für Hausaufgaben oder für die Vorbereitung von Klassenarbeiten/Schulaufgaben genutzt werden.
Die Hefte verzichten aus diesem Grund weitgehend auf die Abbildung des jeweiligen Regelwerks, greifen dies aber z.B. bei anspruchsvollen grammatischen oder rechtschriftlichen Phänomenen wieder auf.

Mit *topfit Deutsch* können Sie
– eigenverantwortliches Arbeiten (über Methoden und Möglichkeiten der Selbstkontrolle) trainieren,
– an Stationen und Werkstätten arbeiten,
– für sogenannte Vergleichsarbeiten/zentrale Leistungsüberprüfungen üben,
– in Einzel- und Partnerarbeit unterrichten.

Und so sind die Hefte aufgebaut:

Einstiegs-/Wiederholungstest
Die Hefte „Grammatik und Zeichensetzung 1-3" und „Rechtschreiben 2-3" beginnen jeweils mit einem kleinen Einstiegstest, der bereits gelernte Fachinhalte aufgreift und den Lernstand der Schülerinnen und Schüler darlegt.

Übungseinheit, z.B.: Dehnung und Schärfung
Die Übungseinheiten bieten Trainingsmaterial zu allen lehrplanrelevanten Inhalten des jeweiligen Bereichs an.
Die Übungen folgen in der Regel der **Methodik des Dreischritts**:
1. Erkennen des Phänomens
2. Üben des Phänomens
3. Vertiefendes Üben des Phänomens in größerem Zusammenhang
Die Übungen bauen in ihrem Schwierigkeitsgrad aufeinander auf, können aber unabhängig voneinander durchgenommen werden.

Gesamtübung
Am Ende einer Einheit werden in der Regel alle trainierten Phänomene in einer Gesamtübung wiederholend vertieft und somit gesichert.

Heraustrennbarer Lösungsteil
Ein heraustrennbarer Lösungsteil dient der Überprüfung und kann zur Selbstkontrolle durch die Schülerinnen und Schüler herangezogen werden.

Die vorgeschlagenen Jahrgangsstufen verstehen sich als Empfehlungen.

Wir wünschen Ihnen einen abwechslungsreichen und entspannten Unterricht!

Die Herausgeberin und die Autoren von *topfit Deutsch*

Partnerdiktat – das Mittelalter

1 Lass dir einen Teil des Textes diktieren und diktiere danach deinem Partner den anderen Teil. Schreibe auf einem Extrablatt.

Teil 1

Dieses Heft will dich entführen in die Zeit des Mittelalters, die Zeit der Kaiser und Könige, der rauschenden Feste, bei denen köstliche Speisen genossen wurden, aber auch die Zeit der immerwährenden Armut und Not, die Zeit der dauernden Kriege und Seuchen, die Zeit der Minnedichtung und des Baus beeindruckender Burgen, Schlösser und Kirchen. Dir werden ein eitler, aber pflichtbewusster Burgherr, ein etwas plumper Knecht, der – wenn nötig – aber auch wendig und flugs wie ein Luchs sein kann, eine fleißige, allerdings auch sture Magd und ein hübsches Burgfräulein, das schnell gekränkt ist, begegnen. Du wirst furchteinflößende und harmlose Ritter, Frauen, die der Hexerei verdächtigt werden, kühne Baumeister, gewissenhafte Stadtschreiber und einige mehr treffen.

Teil 2

Außerdem wirst du Wissenswertes erfahren über dieses Zeitalter, das wahrlich gefährlich war, denn Heerscharen von Rittern mussten ihr Leben bei Turnieren, Kriegen und Kreuzzügen lassen. Lass dich auf diese Zeitreise ein, stell dir das geschäftige Treiben auf den Burghöfen, das Gedränge auf den Jahrmärkten und das rege und unermüdliche Arbeiten auf den Baustellen der Dome und Kathedralen vor. Erlebe die Menschen des Mittelalters bei der täglichen Verrichtung ihrer vielfältigen Arbeiten, beim Träumen und Fantasieren und beim Gespräch mit anderen. Außerdem wirst du deine Fähigkeiten im Rechtschreiben trainieren, dir werden leichte und knifflige Rechtschreibprobleme begegnen und du wirst hoffentlich erleben, dass Übung den Meister macht. Viel Erfolg beim Üben!

2 Korrigiere alle Fehler, indem du das fehlerhafte Wort in deinem Text durchstreichst und hier richtig aufschreibst.

_____

_____

_____

_____

_____

Fehlerschwerpunkte erkennen und gezielt üben

3 Überprüfe nun die Art der Fehler, die du bei diesen Texten und auch in anderen Arbeiten von dir gemacht hast, mit dem Diagnosebogen.
Sortiere alle Fehler in die Tabelle ein (Strichliste). Für die Bereiche, in denen du viele Fehler gemacht hast, findest du Übungen in diesem Heft (vgl. mit dem Inhaltsverzeichnis).
Übe diese Bereiche besonders intensiv!

Achtung: Mit dem Partnerdiktat wurden nicht die Bereiche „Worttrennung am Zeilenende" und „Fremdwörter" getestet. Bei Übungsbedarf findest du in diesem Heft auch hierfür Übungen!

Fehlerart	Arbeit 1	Arbeit 2	Arbeit 3	Arbeit 4	Übung S.
Dehnung: Schreibung bei langen Vokalen , z.B. Aal, Ahnung, Bar					
Schärfung: Schreibung bei kurzen Vokalen, z.B. Himmel, Kind					
Gleich und ähnlich klingende Laute (b/p, d/t, g/k, x/ks/cks/gs/chs, g/ch, lig/lich, f/v/ph, ai/ei, eu/äu)					
Fehler bei s/ss/ß					
Fehler bei das/dass					
falsch kleingeschrieben					
falsch großgeschrieben					
Worttrennung am Zeilenende					
Fremdwörter					
Sonstige Fehler					

Rechtschreibhilfen

Die Ableitungsprobe
Erklärung des Verfahrens – „Wende" kommt von „wenden" und „Wände" kommt von „Wand"

→ Mithilfe der Ableitungsprobe vom Stammwort kann man die richtige Schreibweise eines Wortes herausfinden. Die Ableitungsprobe hilft dir z.B. bei der Frage, ob ein Wort mit „ä" oder „e" geschrieben wird.
Beispiel: „Wenn der Pullover noch **längere** (< lang) **Ärmel** (< **A**rm) **hätte** (< h**a**t), würde man deine **Hände** (< **Ha**nd) gar nicht mehr sehen!"

1 Leite in den folgenden Sätzen die fettgedruckten Wörter ab.   Korrekturspalte

Säuglinge (← saugen) werden gerne mit Koseworten bedacht:

„Mein **Häschen** _____ , **Schätzchen** _____ ,

Mäuslein _____ !" Verzückt preist man ihre süßen

Ärmchen _____ , **Händlein** _____ ,

Mäulchen _____ , **Näschen** _____ und

Bäuchlein _____ .

2 Vergleiche dein Ergebnis mit dem Lösungsteil und berichtige Fehler in der Korrektur-spalte.

Stammverwandte Wörter – ein gemeinsames Kennzeichen

3 Unterstreiche und notiere bei folgenden stammverwandten Wörtern den gemein-samen Wortstamm.

                                                                                    Wortstamm

behände, Handschuhe, unhandlich _____   -hand- bzw. -händ-

Amtsperson, unpersönlich, Personalchef _____   _____

Raumpflegerin, geräumig, Raumstation _____   _____

tatsächlich, untätig, Schandtaten _____   _____

abfedern, Sprungfeder, federleicht _____   _____

abergläubig, Irrglaube, Ungläubige _____   _____

undurchdringlich, Eindringling, dringend _____ _____

4 Vergleiche mit dem Lösungsteil und berichtige Fehler auf den Korrekturzeilen.

_____

_____

_____

_____

5 Ergänze in Aufgabe 3 jeweils ein weiteres Mitglied der Wortfamilie, z.B.:
unhandlich – Handarbeit.

Wortfamilien – Wer gehört zu wem?

6 In diesem Wörterchaos sind acht Wortfamilien gemischt. Male die stammverwandten
Wörter jeweils in einer Farbe aus, notiere sie zusammengehörig in Wortfamilien und
unterstreiche jeweils ihren gemeinsamen Wortstamm. Achte dabei auch auf die
richtige Groß- und Kleinschreibung.

TEUERUNG	ÄRGERLICH	VERMERK	GÄNZLICH	ANDERS	ERGÄN-ZUNG	MERKEN	KLEBEN
BESTÄUBEN	FARBE	ÜBERTEU-ERT	ÄRGER	BEMER-KUNG	VERKLEBT	VERÄN-DERN	GANZ
VERÄNDER-LICH	KLEBRIG	STAUB	VERFÄR-BEN	TEUER	VERÄRGERT	STÄUBCHEN	FÄRBUNG
MERKWÜR-DIG	ERGÄNZEN	ÄNDERUNG	KLEBER	VERSTAUBT	FARBLICH	BETEUERN	ARG

a) –teuer–: Teuerung, überteuert,
_____

b) _____
_____

c) _____
_____

d) _____
_____

e) _____
_____

f) _____
_____

g) _____
_____

h) _____
_____

7 Vergleiche mit dem Lösungsteil und berichtige Fehler auf den Korrekturzeilen.

_____

_____

8 Ergänze jeweils ein weiteres Mitglied der Wortfamilie.

Wortfamilien – die Suche nach Verwandten

9 Suche zu den vorgegebenen Wörtern jeweils möglichst viele, jedoch mindestens zwei
verwandte Wörter.

unverkäuflich: kaufen,

Nähe:

hohl:

lächeln:

Ernährung:

Säure:

gar:

a oder e, äu oder eu? – Der Bericht eines Bänkelsängers

10 Setze die richtigen Buchstaben ein und gib – wenn vorhanden – die Ableitung an.

Liebe Leute (_ _ _ _)!

Verlasst eure Wände (← Wand), ich berichte euch heute die Geschichte von einem Engl___nder

(_____), der gl___nzende (_____) F__lle (_____)

liebte. Eines Tages erblickte er auf einem M___erchen (_____) ein K__tzchen

(_____), das sich s___berte (_____). „Das Tierchen muss ich auf alle F__lle

(_____) haben und h___ten (_____)", dachte er bei sich und packte sich das Tier,

das laut aufh___lte (_____). Ungl___big (_____) und ___ngstlich

(_____) blickte es seinen Peiniger an. Da ergriff ihn plötzlich Mitleid, er z___hmte (_____)

das sch___e (_____) Tier und erfr___te (_____) sich an ihm.

11 Vergleiche deine Lösungen mit dem Lösungsteil und berichtige Fehler auf den
Korrekturzeilen.

Die Ableitungsprobe bei Verben – „singt" von „singen" und „sinkt" von „sinken"

→ Wenn man nicht genau weiß, wie man einen Laut im Wortinnern einer Verbform schreiben soll, leitet man sie vom Infinitiv (Grundform) ab: drängt < drängen, blieb < bleiben, …

12 Setze die fehlenden Laute ein und löse das Kreuzworträtsel.

waagerecht:

3. Grundform von he___t

4. Grundform von lo___t

5. Grundform von schrie___

6. Grundform von dan___t

8. Grundform von bor___t

9. Grundform von stär___t

13. Grundform von zei___t

14. Grundform von gi___t

senkrecht:

1. Grundform von vergrä___t

2. Grundform von krie___t

7. Grundform von erkran___t

10. Grundform von stren___t an

11. Grundform von stei___t

12. Grundform von sie___t

Achtung: Auch für Umlaute (ä,ö,ü) ist jeweils nur ein Kästchen vorgesehen.

topfit Deutsch – Rechtschreiben 2 © 2007 Oldenbourg Schulbuchverlag

Die Verlängerungsprobe
Erklärung des Verfahrens – „Schild" und „Schilde", „wild" und „wilder"

→ Indem du Wörter verlängerst, kannst du erkennen, ob z.B. „Fahrrad" am Wortende
mit *t* oder *d* geschrieben wird, z.B.: *die Fahrräder → das Fahrrad*. Die Verlängerungsprobe hilft dir also bei der Schreibung von gleich und ähnlich klingenden Lauten
(*b/p, d/t, g/k*) am Wortende.

1 Führe bei den unterstrichenen Substantiven/Nomen die Verlängerungsprobe durch,
indem du den Plural bildest, und schreibe sie mit der Verlängerung richtig auf.
2 Überprüfe mit dem Lösungsteil und berichtige Fehler in der Korrekturspalte.

| Tipp | Bei einem Wort musst du die Ableitung von einer anderen Wortart (Adjektiv oder Verb) bilden.

Ritter Kunibert erzählt gerne Geschichten, wenn er auf seine Kumpane trifft:
„Als ich wieder einmal mit meinem Pferd/t durch die Gegend ritt, konnte ich die Hand/t kaum vor Augen sehen,
denn vor den Mond/t hatte sich eine Wolke geschoben. Es herrschte Stille, nur ein Fing/k trällerte sein Liet/d.
Plötzlich stand ein Typ/b mit Bard/t mitten auf dem Wek/g vor mir, das war bestimmt ein Lump/b und Diep/b, der
einen Raup/b im Sinn hatte. Er hatte auch einen Korp/b dabei, in den er sicher das erbeutete Gold/t stecken wollte.
Entschlossen holte ich aus und versetzte ihm einen Hiep/b. Was bin ich doch für ein Held/t, wieder einmal habe ich
ein mutiges Werg/k vollbracht! (Es muss ja keiner wissen, dass er nur zum Holzsammeln im Walt/d war.) Zur Beloh-
nung gönnte ich mir einen Krug/k mit Wein."

Verlängerungsprobe	Richtige Schreibweise	Korrekturspalte
die Pferde	Pferd	

Substantive/Nomen in den Plural verlängern – „Band" und „Bänder"

→ Um die Schreibung von Auslauten herauszufinden, die sich beim Sprechen voneinander nicht unterscheiden, verlängere Substantive/Nomen in den Plural (*Band → Bänder*) oder leite ein Adjektiv oder Verb ab (*Betrug → betrügerisch, betrügen*). Verfahre bei den anderen Wortarten entsprechend, z.B.: *rund → die Runde.*

3 Wende die Verlängerungsprobe bei folgenden Wörtern an.

	Verlängerungsprobe	Richtige Schreibweise	Korrekturspalte
Lant/d	Länder	Land	
Sand/t			
Leib/p			
laufend/t			
Pfand/t			
laud/t			
Sog/k			
er lak/g			

4 Vergleiche deine Ergebnisse mit dem Lösungsteil und berichtige Fehler in der Korrekturspalte.

5 Verwende die Wörter aus der linken Spalte in sinnvollen Sätzen.

topfit Deutsch – Rechtschreiben 2 © 2007 Oldenbourg Schulbuchverlag

Rechtschreibhilfen

b oder p, g oder k, t oder d? – Einsetzübung

6 Setze im folgenden Text die richtigen Endungen ein und schreibe in die Lücken die Verlängerung.

Bauer Leonhard klagt sein Lei**d** (→ _Leiden_):

„Wie soll ich jemals eine Brau___ (_____) finden, wo ich doch kein Lan___

(_____) besitze und mein Viehbetrie___ (_____) aus gerade einmal

zwei Kühen und einem Kal___ (_____) besteht. Voller Nei___ (_____)

blicke ich auf meinen Nachbarn, er besitzt einen großen Schran___ (_____) voll kostbarer

Kleidung, heute trägt er wieder ein Hem___ (_____), dessen Wer___ (_____)

mein Monatseinkommen weit übersteigt. So gewinnt er natürlich die Herzen im Flu___ (_____)!"

7 Sieh im Lösungsteil nach, ob du alles richtig gemacht hast. Berichtige Fehler auf den Korrekturzeilen.

_____

_____

_____

Adjektive verlängern — d oder t, b oder p

→ Um die Schreibung von Auslauten bei Adjektiven herauszufinden, hilft es fast immer, eine Steigerungsform (den Komparativ) zu bilden, z.B.: _wild → wilder_.

8 Bilde bei den folgenden Adjektiven die Steigerungsform und ergänze dann den richtigen Auslaut.

Korrekturspalte

wil**d** und _wilder_ _____

frem___ und _____

gesun___ und _____

mil___ und _____

spannen___ und _____

wüten___ und _____

bun___ und _____

her___ und _____

lie___ und _____

9 Vergleiche mit dem Lösungsteil und berichtige Fehler in der Korrekturspalte.

10 Verwende die Adjektive in sinnvollen Sätzen.

_____

_____

_____

_____

_____

_____

_____

_____

-ig und -lich – heimelig und heimlich

11 Bilde zu folgenden Substantiven/Nomen Adjektive auf -ig oder -lich. Wende die
Verlängerungsprobe an, z. B.: *Punkt → pünktlich – pünktlicher.*

| der Haufen | die Ecke | der Nutzen | der Ehrgeiz | das Versehen | das Lachen | die Wolke |

| der Gott | die Kante | das Dorf | die Eile | die Not | der Ekel | der Herr | die Natur |

der Haufen → häufig – häufiger

_____

_____

_____

_____

_____

_____

_____

topfit Deutsch – Rechtschreiben 2 © 2007 Oldenbourg Schulbuchverlag

12 Ordne nun die Adjektive richtig zu.

-ig: _____

_____

_____

-lich: _____

_____

_____

13 Bilde mit jedem Adjektiv eine Wortgruppe, bestehend aus Artikel, Adjektiv und Substantiv/Nomen. Umrahme anschließend die Auslaute.

14 Vergleiche die Rechtschreibung der Adjektive mit der Lösung in den Aufgaben 11 und 12. Beachte die Großschreibung der Substantive/Nomen und die Kleinschreibung der Adjektive.

der pünktliche Maurer, _____

_____

_____

_____

Ableiten und Verlängern im Zusammenhang
Einsetzübung – Kunibert trifft Florentine

1 Setze die richtigen Buchstaben ein und wende in den Lücken die Verlängerungs- oder Ableitungsprobe an.

> **Tipp** Die Verlängerung kann durchaus auch eine andere Wortart als das Ausgangswort sein, z.B. *die Schuld (Substantiv/Nomen)* → *schuldig (Adjektiv)*.

Ritter Kunibert hatte, wie es zu seiner Zeit üblich war, seine Braut Florentine vor der Hochzeit nicht einmal getroffen.

Nun kam der große Ta____ (_____) der ersten richtigen Begegnung:

Er war begierig (← *begieriger*), endlich seine Brau____ (_____) Florentine zu treffen, in

deren Bil____ (_____) er sich vor einem Jahr verlie____t (_____) hatte.

Kunibert bereitete sich sorgfält____ (_____) vor. Er le____te (_____) sein

schönstes Hem____ (_____) an und ste____te (_____) einen erlesenen

Rin____ (_____) in die Tasche, mit einem Edelstein, dessen Wer____ (_____)

man nicht gerade als gerin____ (_____) bezeichnen konnte. Welchen Empfan____ (_____)

bo____ (_____) sie ihm wohl bald dar?

Schließlich stan___ (_____) sie anmuti___ (_____) und zierli___

(_____) vor ihm und mie___ (_____) zunächst seinen Bli___ (_____). Er

schwor jeden Ei___ (_____), dass sie das schönste Gesich___ (_____) im ganzen

Lan___ (_____) habe. Sie schwie___ (_____) erst verschäm___ (_____)

und schal___ (_____) ihn dann scherzen___ (_____) einen Lügenbol___

(_____). Doch auch wenn sie anfängli___ (_____) seinem Werben noch

Widerstan___ (_____) bo___ (_____), schwan___ (_____)

dieser dann schnell.

Fehlerhafte Texte korrigieren – die Moritat vom mutigen Kind

2 Streiche die falsch geschriebenen Wörter in dem Text sauber durch und schreibe sie
in der richtigen Form darüber.
Gib am Rand die Ableitungen oder Verlängerungen an.

Fehlertext

Knäblein

Ein ~~Knäplein~~ traf einst im Wald auf einen → Knabe

Reuber. Dieser wollte dem Kint den Rucksack

entwenden, den es bei sich truk. Doch es gelank

ihm nicht, denn dieses wehrte sich überraschent

heftich, presste den Rucksack an seinen Leip und

trad mit beiden Füßen auf den Teter ein. Da

ergriff dieser eilich die Flucht und verschwant.

topfit Deutsch – Rechtschreiben 2 © 2007 Oldenbourg Schulbuchverlag

3 Setze bei folgendem Text die richtigen Laute ein. Gib auf den Schreiblinien die
Ableitung oder Verlängerung an, die dir für die richtige Schreibung geholfen haben.

Auf Burg Sassenstein werden heute alle R____me ges____bert. Hermine bie__t lin__s um die Ecke und begi__t

sich in die Küche. Dort entfernt sie den Klecks, der ranzi____ an der Vase kle__t. Zugleich tr____mt sie von

erfr____lichen Dingen. Sie hofft nämlich, dass ihr Freun____ sie dauern____ und ewi____ lie__t.

Räume < Raum,

_____

_____

4 Schreibe den Text noch einmal vollständig und richtig auf.

_____

_____

_____

_____

_____

Die Arbeit mit dem Wörterbuch
Das Alphabet – Florentines Adressbuch

1 Florentine hat besonders viele Freunde und Bekannte, deren Namen mit dem Buchstaben *K* beginnen. Ordne sie alphabetisch, indem du sie zunächst nach dem zweiten
Buchstaben nach dem *K* sortierst, dann nach dem dritten ...

Kunigunde	Konstanze	Kasimir	Karsten	Kordula	Karl	Konstantin	Kuno
Kassandra	Karola	Kurt	Korbinian	Karolin	Kunibert	Konrad	Kaspar

KA- : Kasimir _____

KO-: _____

KU-: _____

2 Schreibe nun die Namen, die mit *Kar-* beginnen, hier auf.

KAR-: _____

3 Bring diese Namen nun in ihre alphabetische Reihenfolge.

1. Karl   2. _____   3. _____   4. _____

4 Verfahre mit den anderen Namen ebenso wie in Aufgabe 2 und 3.

KAS-: _____

5. _____ 6. _____ 7. _____

KON-: _____

8. _____ 9. _____ 10. _____

KOR-: _____

11. _____ 12. _____

KUN-: _____

13. _____ 14. _____ 15. _____

KUR-: 16. _____

Schreibmöglichkeiten testen

5 Die folgenden Wörter sind falsch geschrieben. Schlage ihre richtige Schreibung im Wörterbuch nach. Schreibe außerdem die Bedeutung der Wörter auf, wenn sie im Wörterbuch angegeben ist.

Tipp Wenn du ein Wort nicht findest, musst du eine andere Schreibmöglichkeit ausprobieren. Überprüfe z.B. folgende Möglichkeiten: Wird das Wort mit einem anderen ähnlich klingenden Laut im Wortinneren oder am Wortanfang (z.B.: k – ch – g) geschrieben? Kommt ein Doppelvokal (ee), ein Dehnungs-h (eh), eine Konsonantenhäufung (nt) oder -doppelung (mm) vor? Oft ist es auch hilfreich, die Wörter einmal laut zu lesen.

Falsch!	Richtige Schreibweise	Bedeutung
kuland	*kulant*	*entgegenkommend*
Korrporal		
Kohbold		
krakelen		
Korale		
Koriphäe		
Karrosserie		
Kuver		
Krüpta		

topfit Deutsch – Rechtschreiben 2 © 2007 Oldenbourg Schulbuchverlag

6 Ordne die Wörter in ihrer richtigen Schreibung alphabetisch. Wende dabei das Verfahren aus den Aufgaben 1 – 3 an.

KA-:

KO-:

KR-:

KU-:

KA-: 1.

KOB-: 2.

KOR-: 3.   4.   5.

KRA-: 6.

KRY-: 7.

KUL-: 8.

KUV-: 9.

7 Korrigiere die fehlerhafte Schreibung der folgenden Wörter mithilfe eines Wörterbuchs.

Falsch!	Richtige Schreibweise
Prelat	
Porzion	
Pflahster	
Pabst	
Pohsitur	
Pfinksten	
posietiv	
Pfieff	

8 Bring sie nun in die richtige alphabetische Reihenfolge, indem du in Gedanken das in den Aufgaben 1 – 3 gelernte Verfahren anwendest.

Lange und kurze Vokale

Lange und kurze Vokale unterscheiden – der Alltag auf einer Burg

1 In folgendem Text sind die Vokale in einigen Wörtern durch Großschreibung gekennzeichnet. Sage dir diese Wörter laut vor und unterscheide dabei sorgsam zwischen langem (Str*oh*) und kurzem Vokal (St*o*ff) (Sprechprobe). Sortiere dann die Wörter richtig in die Tabelle ein.

Gab es auf Burgen auch DUsche und WC?

Das L**E**ben auf einer B**U**rg stellt man sich häufig s**E**hr romantisch vor. Doch leider war der Alltag r**E**cht beschw**E**rlich, denn fl**I**eßend W**A**sser und Str**O**m hatte leider noch niemand erf**U**nden. Ein B**A**d gab es nur vor h**O**hen F**E**sten und auch die Ben**U**tzung der Toilette war etwas gewöhnungsbedürftig. Die „st**I**llen Örtchen" der Burg bef**A**nden sich meist in einem Erker an der Außenmauer. Statt Klopapier ben**U**tzte man Str**O**h oder einen F**E**tzen aus St**O**ff. Das Erg**E**bnis des Erkerbesuchs sauste nach unten in den Burggr**A**ben oder in eine extra angelegte Jauchegr**U**be, über der sich ein H**EE**r von Fl**IE**gen befand.

	kurz	lang
a		
e		
i		
o	Stoff	Stroh,
u		

Lange und kurze Vokale kennzeichnen – der besondere Duft einer Burg

2 Lies die folgenden Wörter laut und markiere zunächst mit Bleistift die kurzen Vokale mit einem Unterpunkt und die langen Vokale mit einem Unterstrich. Setze die Wörter anschließend richtig in den Text ein.

blieb   Müllhaufen   Gestank   jeder   kleben   Mist

Ställen   gut   vorstellen   Schamgefühl   Burgbewohner   zuschauen   fiel

Das _____ der _____ war nicht groß.

Jeder konnte bei der Verrichtung des „Geschäfts" _____. Was nicht hinunter in die

Grube _____, _____ außen an der Mauer _____. Man kann

sich den Gestank _____! Den _____ war _____

gewöhnt, da es überall auf der Burg nicht _____ roch. Dafür sorgten schon die

_____ und der _____ aus den _____ .

3 Vergleiche deine Lösung mit dem Lösungsteil und berichtige Fehler mit einem
Farbstift.

4 Ordne die Wörter nun in die folgende Tabelle richtig ein und korrigiere Fehler in der
Korrekturspalte.

Kurzer Vokal	Korrekturspalte	Langer Vokal	Korrekturspalte
Gestank		jeder	

5 Ergänze selbst mindestens je zehn Wörter mit einem langen oder einem kurzen
betonten Vokal in der Tabelle. Führe die Sprechprobe durch, wenn du unsicher bist.
Schreibe deine Beispielwörter zunächst mit Bleistift, nach der Korrektur schreibst du
sie mit dem Füller nach.

Dehnung

Formen der Dehnung – Alltag eines Müllers

1 In diesem Text sind die Buchstaben einiger Wörter mit langem Vokal in die falsche Reihenfolge geraten. Schreibe die Wörter richtig auf.

Fehlertext

Da BORT _Brot_ auch im Mittelalter als GrundNURAHNGSmittel

_____ des Menschen galt, MAK _____

dem BUREF _____ des Müllers eine große Bedeutung zu. Zu den

wichtigsten Erfindungen des Mittelalters ZLÄHT _____ auch die

Entwicklung des MHÜLREDAS _____ .

Der Müller war im Gegensatz zu den meisten Bauern häufig unabhängig und wurde

zu einem echten UnterNHEMER _____ ,

der sich manchmal sogar einen NOHLarbeiter _____

leisten konnte. Meist BERTEIB _____ seine Familie einen Hof mit

ein RAPA _____ Stück HIVE _____ , GemüseBETEEN

_____ und einem Hühnerstall.

Das Reinigen des Mühlsteines konnte sehr MAHSÜM _____

sein und oft nur mit einer FERED _____ erfolgen, da die Kleie,

der Rückstand beim MEHLAN _____ des Korns, der vor allem

aus der SACHLE _____ des Korns BETHEST _____ ,

sehr klebrig ist. Deshalb VIERMED _____ man es möglichst,

Dinkel einzufüllen, sondern bevorzugte HERAF _____ oder

Weizen. Auch Roggenmehl LEßl _____ sich schwer von der

Kleie trennen. Als Entlohnung für seine Arbeit ELHIRET _____

der Müller einen Teil seines MHALGETUS _____ .

topfit Deutsch – Rechtschreiben 2 © 2007 Oldenbourg Schulbuchverlag

2 Schreibe die Wörter mit langem Vokal in die richtige Spalte der Tabelle. Vorsicht, manchmal gehört ein Wort auch in zwei Spalten!

ohne Kennzeichnung	Dehnungs-h	ie	Doppelvokal
Brot	Grundnahrungs-mittel	betrieb	paar

3 Ergänze in der oberen Tabelle jeweils fünf weitere Beispiele für die möglichen Schreibungen nach einem langen Vokal. Schreibe deine Beispielwörter zunächst mit Bleistift. Nach dem Vergleich deiner Lösungen mit deiner Nachbarin oder deinem Nachbarn schreibst du sie mit dem Füller nach.

Tipp Falls dir keine Wörter einfallen, lies dir einen beliebigen Text halblaut vor oder finde Reimwörter auf Wörter aus der Tabelle.

Langes i (i, ie, ieh) – Kreuzworträtsel

Hat ein Verb ein *h* im Infinitiv (Grundform), so weist es dies auch in der gebeugten (flektierten) Form auf, z.B.: *gesche**h**en – geschie**h**t*.

4 Löse das Kreuzworträtsel. Du musst auch gebeugte (flektierte) Formen einsetzen.
Achtung: Auch für Umlaute (ä, ö, ü) ist jeweils nur ein Kästchen vorgesehen.

senkrecht:
1) ekelerregend, abscheulich
4) mehrere Male, immer ✳
5) Er stürzte von der Leiter. Er ✳ herunter.
9) Es geschieht. Es ✳.
10) Ich borgte ihm ein Buch. Ich ✳ es ihm.
12) Alle Federn eines Vogels, das ✳
16) Er sah alles. Er ✳ den Überblick.
18) Es hatte den Anschein. Es ✳.
20) Obst enthält wichtige ✳.
21) Er stellt den Teller in die ✳.
23) Sie nimmt das T-Shirt, ohne es zu bezahlen. Sie ✳ es.

waagerecht:
2) Er ergreift die Flucht. Er ✳.
3) Sie wehrt sich. Sie leistet ✳.
6) Kosewort
7) Sie riefen laut. Sie ✳.
8) Vor dem Fenster weht die ✳.
11) Sie hat eine Fehlstellung der Augen. Sie ✳.
13) Seine Augen juckten. Er ✳ sich die Augen.
14) testen, prüfen
15) Gegenteil von plus
17) fest, unverrückbar
19) Sie gewinnt selten. Sie ✳ oft.
22) Er ging ihr aus dem Weg. Er ✳ sie.
24) Er sitzt im Gefängnis, hinter Schloss und ✳.

topfit Deutsch – Rechtschreiben 2 © 2007 Oldenbourg Schulbuchverlag

5 Ordne ein paar Wörter aus dem Kreuzworträtsel in die folgende Tabelle ein:

i	ie	ieh

Lange Vokale erkennen und richtig schreiben – ein Brief des Burgfräuleins Florentine

6 In Florentines Brief sind noch zahlreiche Fehler bei Wörtern mit langen Vokalen. Berichtige die Fehler in der Korrekturspalte, indem du in Gedanken die Sprech- oder Ableitungsprobe anwendest.

Fehlertext

Liebe Freundin!

Gestern endlich bekahm ich eine Botschaft von Kuno, meinem Verlohbten. Als ich

mich gestern nach einem üppigen Mal in meine Kammer begahb, späte ich wieder

einmal aus dem Fenster und betrachtete die Rosen im Burggraben, die herrlich blüten.

Wenn ich doch nur malen könnte!

Plötzlich sa ich, wie ein Bote heranritt. Als er eintraht, verzog er keine Miene, wort-

lohs überreichte er mir einen Brif von Ritter Kuno, dem Wagemuhtigen vom Ge-

schlecht der Welfen. Wir wahren uns beim letzten Hofball nähergekommen. Sein Brief

war wunderbaar. Er schriehb, dass er nur glücklich werden könne, wenn meine Wal auf

ihn fiele. Genau das wollte ich gern leesen. Jetzt will ich ihm ebenfalls einige Zeilen

zukommen lassen. Was soll ich ihm nur für Worte mit auf den Wehg gehben? Gieb mir

einen Raat!

Deine Florentine

Korrekturspalte

bekam

_____

_____

_____

_____

_____

_____

_____

_____

_____

_____

7 Lass dir nun den korrigierten Text von einer Mitschülerin oder einem Mitschüler diktieren oder schreibe ihn als Laufdiktat auf ein Extrablatt. Korrigiere den Text, indem du die Fehler anstreichst und mit Rot berichtigst.

Schärfung

→ Für die Markierung eines kurzen, betonten Vokals gibt es verschiedene Möglichkeiten: die **Konsonantenverdoppelung** (*Falle*) oder die **Konsonantenhäufung** (*Falke*).

Konsonantenverdoppelung und -häufung – Angriff auf eine Burg

1 Lies dir den folgenden Text laut vor und markiere alle kurzen, betonten Vokale mit einem Unterpunkt. Markiere Konsonantenverdoppelungen nach dem kurzen Vokal rot, eine Konsonantenhäufung blau.

Um eine Burg einzunehmen, verfügten die Feinde über verschiedene Belagerungswaffen: einen gewaltigen Rammbock mit einer Metallspitze, die oft als Widderkopf gestaltet war, Katapulte, die Wurfgeschosse über die Burgmauern schleuderten, Brandpfeile und Feuertöpfe. Manchmal wurde auch ein Tunnel unter der Burgmauer gegraben.

2 Suche nun selbst mindestens je acht Wörter mit kurzem, betontem Vokal, auf den entweder eine Konsonantenverdoppelung oder eine Konsonantenhäufung folgt. Falls dir keine Beispiele einfallen, suche dir einen Text, aus dem du Wörter heraussuchst oder finde Reimwörter zu den Beispielwörtern aus dem oben stehenden Text.

Konsonantenverdoppelung: Lamm,

Konsonantenhäufung: Fund,

Lückentext – die Waffen der Ritter

3 Setze in den folgenden Text die Wörter aus dem Wortspeicher ein. Lies den Text laut und markiere danach im Text alle kurzen, betonten Vokale mit der dazugehörigen Konsonantenverdopplung oder -häufung in zwei unterschiedlichen Farben.

Kampfes   Rüstung   Wettbewerben   Knappe   Lanze

Schutz   Hilfe   Zweikampf   Falle   Metall

Die Ritter kämpften, das verrät schon der Name, beim Reiten. Daher trugen sie zum _____

während des _____ eine schwere Rüstung und darunter ein Kettenhemd aus

_____. Auch das Pferd war durch eine _____ geschützt. Die

Ritter kämpften im _____ mit Schild, _____ oder Schwert. Die

Rüstung war so schwer, dass der Ritter einen Knappen benötigte, der ihm aufs Pferd half. Ein _____

war meistens ein junger Adliger, der das Handwerk des Ritters erlernen sollte. Die Rüstung war zwar einerseits ein

Schutz, aber auch eine _____. Denn wenn der Ritter vom Pferd fiel, konnte er ohne

_____ nicht wieder aufstehen. Bald wurde der Zweikampf der Ritter im Krieg ersetzt durch

Schützen mit Pfeil und Bogen oder durch die ersten Kanonen. Die Kunst des Zweikampfes wurde aber in vielen

_____, den Turnieren, weiter gepflegt.

4 Vergleiche mit dem Lösungsteil und berichtige Fehler auf den Korrekturzeilen.

Dehnung und Schärfung

Konsonantenverdoppelung nach kurzem Vokal – Was auf einer Burg nicht fehlen darf

5 Der Hofdichter sucht Reimwörter für folgende Begriffe. Hilf ihm dabei, indem du mindestens zwei Reimwörter findest. Unterstreiche den kurzen Vokal und die Konsonantenverdoppelung.

Spinne: Finne, Rinne

Wappen:

Kissen:

Waffen:

essen:

rattern:

brennen:

6 Schreibe mit sechs der Reimwörter ein kleines Gedicht.

Fehlerwörter korrigieren – Durcheinander auf der Burg

7 Bei diesen Wörtern ist einiges durcheinandergeraten. Korrigiere die Wörter mit der richtigen Konsonantenverdoppelung.

Hessenhaus — Herrenhaus

Brummen im Illenhof

Stäppe

Werkställen

Weinkesser

Seilrosse und Fattgiller

Happen

Wannergraben

Tretten

Wammenkaffer

Kaperre

8 Ergänze in der folgenden Zeichnung die richtigen Bezeichnungen aus Aufgabe 7.

9 Beschreibe die Burg mit den Begriffen aus der Zeichnung in mindestens fünf Sätzen.

Dreifachkonsonanten in zusammengesetzten Wörtern – Was gehört zusammen?

→ Ein Konsonant kann in zusammengesetzten Wörtern dreifach stehen, wenn das erste Wort, das Bestimmungswort, mit einem Doppelkonsonanten endet und das zweite Wort, das Grundwort, mit dem gleichen Konsonanten beginnt, z.B. Schwi*mmm*eister.

10 Verbinde die folgenden Begriffen zu sinnvollen Zusammensetzungen, die drei gleiche Konsonanten enthalten und notiere das entstandene Wort. Markiere die Dreifachkonsonanten farbig.

1	brennen	a)	Lappen	1 e Brennnessel
2	Ballett	b)	Stand	2
3	Wolle	c)	Massen	3
4	Fußball	d)	Fetzen	4
5	Stall	e)	Nessel	5
6	Imbiss	f)	Fahrt	6
7	Stoff	g)	Laterne	7
8	Schiff	h)	Sucht	8
9	fressen	i)	Tänzer	9
10	Schlamm	j)	Länderspiel	10

11 Bilde nun Sätze, in denen mindestens sechs Wörter mit Dreifachkonsonanten vorkommen.

Konsonantenhäufung – ND, NK, LD, NG, LT, NK nach kurzem Vokal

12 Welche Wörter sind in den Blumen versteckt?

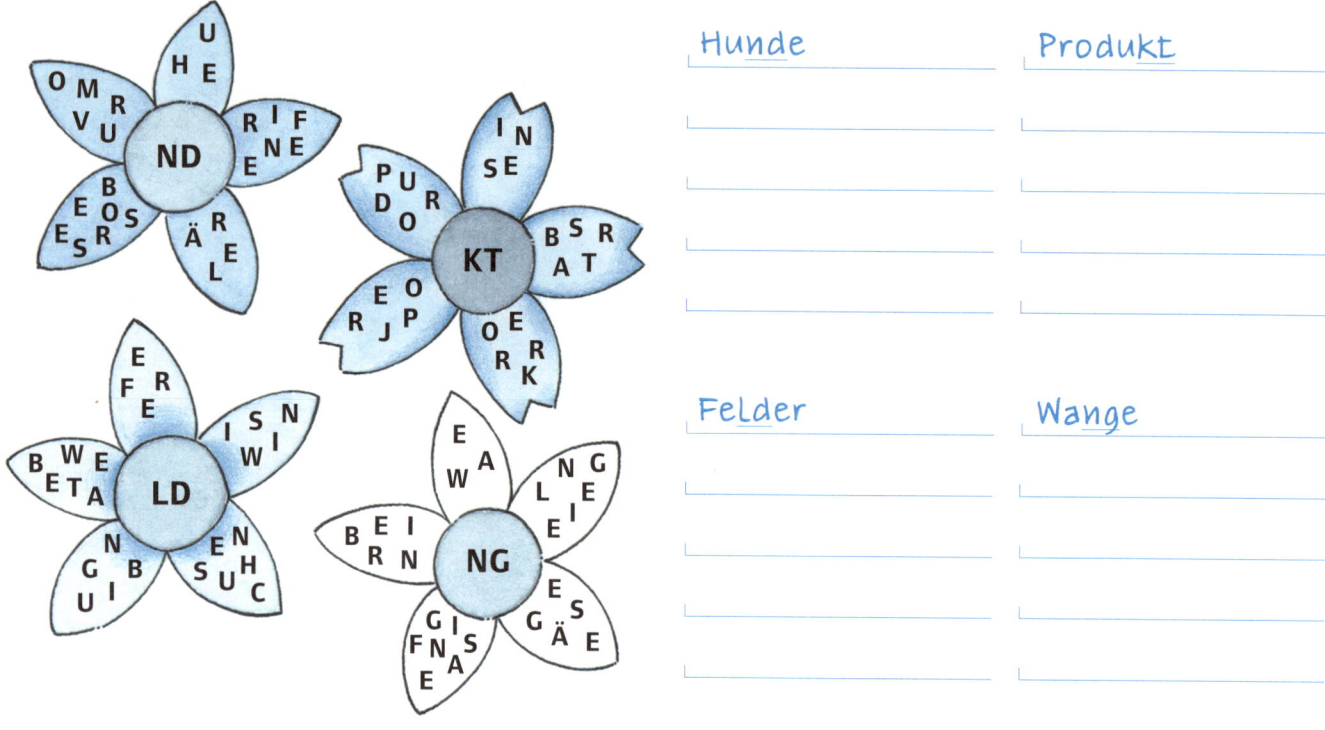

Hunde _____   Produkt _____

_____   _____

_____   _____

_____   _____

Felder _____   Wange _____

_____   _____

_____   _____

_____   _____

13 Vervollständige die Blumen.

Alter _____   Senke _____

_____   _____

_____   _____

_____   _____

14 Suche jeweils drei weitere Beispiele mit kurzem Vokal und folgenden Konsonanten-
häufungen, indem du Reimwörter zu den Lösungen aus Übung 13 und 14 bildest.

kurzer Vokal + ND: _____

kurzer Vokal + LD: _____

kurzer Vokal + NG: _____

kurzer Vokal + LT: _____

kurzer Vokal + NK: _____

Konsonanten soweit das Auge reicht – Unterweisung einer Magd

→ Manchmal kommt es zu einer Kombination von Konsonantenverdoppelung und -häufung, wenn z.B. Verben flektiert (gebeugt) werden (*kennen – du ke**nn**st*) oder Adjektive in den Superlativ gesteigert werden (*fromm – der frö**mm**ste Mönch*).

15 Bilde zu folgenden Grundformen die Personalform (bei Verben) oder den Superlativ (bei Adjektiven).

Korrekturspalte

rennen	du	*rennst*	
ausrutschen	du		
beschimpfen	du		
brüllen	du		
dumm	der		
fallen	du		
können	du		
befolgen	du		
toll	der		

16 Verfahre wie in Aufgabe 16.

Korrekturspalte

naschen	du		
hell	der		
quetschen	du		
sollen	du		
sonnen	du		
streng	der		
warm	der		
waschen	du		
schnell	der		

17 Korrigiere Fehler in der Korrekturspalte und setze einige Wörter dann passend in den folgenden Text ein.

Die Burgherrin erteilt ihrer neuen Magd Anweisungen:

„Du _____ hier auf der Burg gut leben, wenn du einige Regeln

_____ : Du _____ dich um die Speisekammer, die

Wäsche und die Räume des Burgherrn kümmern. Pass beim Wischen der Böden auf,

dass du nicht _____ und auf den Boden _____ .

Achte darauf, dass du die Tischdecken sorgfältig _____ und sie nicht

zu eng nebeneinander in den Schrank _____ . _____

Strafen werden dich treffen, wenn du dich _____ , statt zu

arbeiten, aus der Speisekammer _____ und nicht schnell

genug _____ . Ich erwarte, dass du nie

_____ und niemanden _____ . Selbst

_____ Knecht weiß, dass man mit mir gut auskommen kann."

Dehnung und Schärfung im Zusammenhang

1 In folgenden Wortpaaren wird der Vokal einmal lang und einmal kurz ausgesprochen. Lies die Wörter laut vor und markiere den kurzen Vokal mit einem Punkt, den langen mit einem Strich.

wir rieten – wir ritten   der Kamm – er kam   ich rate – die Ratte

fahl – der Fall   das Lamm – lahm   offen – der Ofen

der Kahn – er kann   der Rum – der Ruhm

2 Ergänze folgende Wortpaare und berichtige Fehler in der Korrekturspalte.

die Mitte – die   _Miete_   Korrekturspalte

die Massen – über alle _____   _____

der Schal – der _____   _____

der Stahl – der _____   _____

die Rassen – der _____   _____

die Risse – der _____   _____

die Höhle – die _____   _____

die Sperre – die _____   _____

die Quallen – die _____   _____

das Heer – der _____   _____

3 Lass dir den folgenden Text von einer Mitschülerin oder einem Mitschüler diktieren oder schreibe ihn als Laufdiktat auf ein Extrablatt. Korrigiere den Text, indem du die Fehler anstreichst und am rechten Rand berichtigst.

Hexenwahn und Hexenprozesse

Wir modernen Menschen haben uns daran gewöhnt, die Welt mit den Augen der Naturwissenschaften zu sehen: kühl und sachlich. Selbst die eindruckvollsten Schauspiele der Natur betrachten wir ohne Angst vor dem Unbekannten. Für die Menschen des Mittelalters jedoch waren alle Furcht erregenden Ereignisse ein verwirrendes Rätsel: Gewitter, Flut, Hagel, Dürre, Pest, all diese Schicksalsschläge schrieben sie geheimnisvollen Mächten zu. Deshalb war in alter Zeit die Zauberei weit verbreitet und nicht verboten und man begegnete Zauberinnen mit ehrfürchtiger Scheu, manchmal auch mit Misstrauen. Erst im 14. Jahrhundert begann die Verfolgung von Zauberern und Hexen, die unter Folter zu den abwegigsten Geständnissen gezwungen und nicht selten auf dem Scheiterhaufen öffentlich verbrannt wurden. Bis 1782 wurden in Europa Todesurteile als Folge der Hexenprozesse vollstreckt.

s-Laut-Schreibung

s-ß-ss – Festvorbereitungen

1 Unterstreiche in dem Text alle Wörter, die s, ss oder ß **im Wortinnern** enthalten, z.B.: Sa<u>ss</u>enstein.

Auf Burg Sassenstein soll ein großes Fest stattfinden. In der Küche laufen die Vorbereitungen auf höchsten Touren. In den Kesseln brutzelt und dampft es, Fleischspieße werden über dem großen Feuer gedreht. Die Mägde betätigen fleißig die Reibe, um die Kartoffelklöße herzustellen. Die Kinder mussten schon Tage vorher Nüsse und Preiselbeeren sammeln. Aus Rosinen und Grieß zaubert Hermine eine köstliche Nachspeise. In einer riesigen Schüssel steht das Apfelmus bereit und Süßfrüchte werden mit Zuckerguss überzogen. Nun kann das Fest beginnen.

2 Ordne die unterstrichenen Wörter der jeweiligen Schreibung des s-Lautes zu.

s	ß	ss

Dehnung und Schärfung beim s-Laut – die Burgküche

→ Der stimmlose (scharfe) s-Laut wird nach langem Vokal mit *ß* (*saßen*) geschrieben, nach kurzem Vokal mit *ss* (*Ross*). Mithilfe der Sprechprobe kannst du den Unterschied leicht hören.

3 Lies den Text zunächst leise und unterstreiche alle Wörter, die ein *ss* oder *ß* enthalten.

4 Lies den Text nun laut vor und markiere bei Wörtern mit *ss* und *ß* jeweils die Vokallänge bzw. -kürze (Unterpunkt für kurzen Vokal, Unterstrich für langen Vokal).

Beachte: Ein Diphthong (*ai, au, äu, ei, eu*) wird immer lang gesprochen.

In der Küche wurden die meisten Mahlzeiten über offenem Feuer in einem großen Kessel zubereitet, der an einer Kette über dem Feuer hing. Im Alltag gab es häufig eine Suppe mit Klößen oder einen Eintopf. Dieser köchelte vor sich hin. Wenn dann alle Essen fassen wollten, rief oft ein hungriger Knecht: „Leg mal einen Zahn zu!" Dann hängte der Koch den Kessel etwas tiefer über das Feuer. Wegen der großen Feuergefahr war die Küche meist weit weg vom Speisesaal. Leider war das Essen dann nicht mehr sehr heiß, wenn es endlich am Tisch ankam. Um die Nahrungsmittel zu konservieren, ließ man sich einiges einfallen. Obst und Fleisch wurde schichtweise in Fässern gelagert, denn der Fruchtsaft machte das Fleisch haltbar. Viele Nahrungsmittel lagerte man in fest verschlossenen Tongefäßen im Erdgeschoss oder im Keller und verließ sich darauf, dass die Katzen die Mäuse fraßen. Indem man das Eis der zugefrorenen Flüsse in Schränken in den dunklen Kellern lagerte, hatte man sogar monatelang eine Art Kühlschrank.

5 Schreibe jeweils die Wörter mit kurzem und langem Vokal vor dem s-Laut heraus.

langer Vokal vor *ß*: _____

_____

kurzer Vokal vor *ss*: _____

_____

6 Vergleiche mit dem Lösungsteil und berichtige Fehler auf den Korrekturzeilen.

_____

_____

Fragen beantworten – Wie gefährlich ist es in der Burgküche?

7 Beantworte folgende Fragen in ganzen Sätzen. Lösungshinweise findest du im Text auf Seite 34.

8 Markiere in deinen Antworten die kurzen Vokale vor den s-Lauten mit einem Unterpunkt, die langen mit einem Unterstrich.

a) Wie war die Feuergefahr in einer mittelalterlichen Küche?

Die Feuergefahr war groß.

b) In welchen Gefäßen lagerte man Obst und Fleisch?

c) In welchem Gefäß kochte man Suppen und Eintöpfe?

d) Was aß man zur Suppe?

e) Wo lagerte man viele Nahrungsmittel?

f) Woher kam das Eis, das man in Schränken im Keller lagerte?

g) Was taten die Katzen?

9 Vergleiche mit dem Lösungsteil und berichtige Fehler auf den Korrekturzeilen.

Lange und kurze Vokale unterscheiden – Fantasiewörter

10 Sprich folgende Fantasiewörter laut aus und markiere mit einem Unterpunkt die Vokale, die du kurz gesprochen hast, und mit einem Unterstrich die Vokale, die du lang ausgesprochen hast.

11 Suche zu jedem Begriff mindestens ein Reimwort.

kaußen: _____   Spoß: _____

tüssen: _____   kräßig: _____

Verkluss: _____   wassen: _____

Pfaße: _____   quassig: _____

s-Laute richtig einsetzen und zuordnen

12 Vervollständige die Wörter aus dem Wortkessel, sage sie dir laut vor und achte dabei auf den langen oder kurzen Vokal. Setze sie dann in die Tabelle ein.

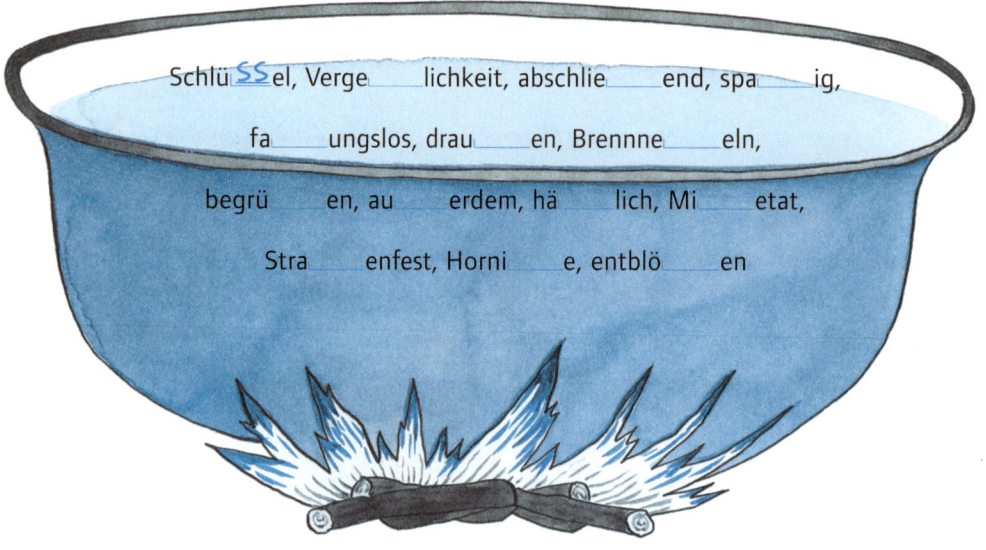

Schlü**ss**el, Verge_____lichkeit, abschlie_____end, spa_____ig,

fa_____ungslos, drau_____en, Brenne_____eln,

begrü_____en, au_____erdem, hä_____lich, Mi_____etat,

Stra_____enfest, Horni_____e, entblö_____en

ß nach langem Vokal	**ss nach kurzem Vokal**
	Schlüssel

ß nach langem Vokal, ss nach kurzem Vokal – das große Fressen

13 Bringe die Buchstaben in die richtige Reihenfolge, wobei der erste und der letzte Buchstabe an ihrer Stelle bleiben. Das Lösungswort ergibt sich, wenn du die mit Zahlen versehenen Buchstaben in die richtige Reihenfolge bringst. Es verrät dir Florentines Lieblingsspeise.

a) esesn   e s s e n
                           3

b) filißeg   f _ _ _ _ _ g
                           4

c) gießenien   g _ _ _ _ _ _ n
                              6

d) Hußgenehir   H _ _ _ _ _ _ _ _ r
                              7

e) äßertuse   **ä** _____ **e**
                                                10

f) Ksesel   **K** _____ **l**
                          8

g) messahnfat   **m** _____ **t**
                                              2

h) Mseser   **M** _____ **r**
                          9

i) parselnsedn   **p** _____ **n**
                                    14

j) silcheßilch   **s** _____ **h**
                          1

k) Sßoen   **S** _____ **n**
                       11

l) Siküßteigen   **S** _____ **n**
                                            13

m) ubälsnisag   **u** _____ **g**
                                5

n) vesresesn   **v** _____ **n**
                          12

Lösung: ___ ___ ___ ___ ___ ___ ___ ___ ___ ___ ___ ___ ___ ___
                1   2   3   4   5   6   7   8   9   10 11 12 13 14

14 Setze die Wörter aus Aufgabe 13 in folgenden Text ein.

Auf Burg Sassenstein herrscht _äußerste_ Betriebsamkeit. Das Gesinde arbeitet _____ und

_____ an den Vorbereitungen der Festlichkeiten. Die Burgbewohner sind schon ganz

_____ auf die Feierlichkeiten, _____ gibt es dann viel zu

_____ und alle werden den Abend _____. Die

_____ sind gewetzt, in der Küche dampfen große _____ über dem

_____ Feuer. _____ Wein, Kannen voller _____

und Schüsseln mit _____ stehen bereit. Die Gäste werden sich sicher mit

_____ darauf stürzen.

Die s-Laut-Schreibung am Wortende

-s, -ß und -ss am Wortende – Wortgitter und Wortsterne

1 Male im Wortgitter alle Felder mit Buntstift aus, die Wörter mit einem s-Laut am Wortende beinhalten. Trage sie in der folgenden Tabelle in die richtige Spalte ein.

A	L	T	K	P	R	E	I	S
V	C	S	E	M	O	L	ß	T
E	H	A	S	S	G	R	A	S
R	E	I	S	P	U	B	E	N
D	P	T	P	A	S	E	T	O
R	M	T	I	ß	I	W	A	B
U	R	K	E	F	L	E	I	ß
S	T	O	ß	O	H	I	L	O
S	S	C	H	L	O	S	S	P

s	ß	ss
Preis		

s, ß oder ss? – die Verlängerungsprobe anwenden

→ Das **Verlängern** des Wortes in den Plural hilft dir bei der Entscheidung, den s-Laut am Wortende richtig zu schreiben.
Du kannst hören:
Haus – Häuser = stimmhafter (weicher) s-Laut → s
Gruß – Grüße – langer Vokal und stimmloser (scharfer) s-Laut → ß
Schloss – Schlösser – kurzer Vokal und stimmloser (scharfer) s-Laut → ss

2 Verlängere die folgenden Wörter zuerst mündlich in den Plural, ergänze dann den oder die richtigen Buchstaben und anschließend die Pluralformen schriftlich.

FelS: _Felsen_   Gru___: _____

Klo___: _____   Bi___: _____

Schu___: _____   Mau___: _____

Ku___: _____   Fu___: _____

Lo___: _____   Kolo___: _____

topfit Deutsch – Rechtschreiben 2 © 2007 Oldenbourg Schulbuchverlag

3 Vergleiche mit dem Lösungsteil und berichtige Fehler auf den Korrekturzeilen.

_____

_____

4 Wähle jeweils den richtigen s-Laut am Wortende und setze die Wörter in die jeweiligen Wortsterne ein. Notiere daneben die **Wortverlängerung**, die dir bei der Wahl des richtigen s-Lautes geholfen hat.
Markiere außerdem kurze Vokale mit einem Unterpunkt und lange mit einem Unterstrich.

Gan**S**, Stre_____, Gebrau_____, Gefä_____, Flu_____, Einla_____, krau_____, gewi_____, Schwei_____,

Flo_____, Glei_____, Strau_____

Gans → Gänse

_____

_____

_____

_____

_____

_____

_____

_____

_____

_____

5 Auch das Ableitungsverfahren kann dir bei der s-Laut-Schreibung weiterhelfen:
Bilde zu folgenden Substantiven/Nomen die Ableitung, indem du Verben und/oder
Adjektive mit gleicher Schreibweise des s-Lautes findest.

Spa✳: _Spaß ← spaßig,_ _____

Ma✳: _____

Krei✳: _____

Blö✳e: _____

Grö✳e: _____

Lö✳ung: _____

s-Laute im Wortinneren und am Wortende richtig einsetzen – Kuno nimmt an einem großen Turnier teil

6 Setze in den folgenden Wörtern die richtigen s-Laute ein. Wenn du unsicher bist,
wende die Sprech- oder die Verlängerungsprobe an.

7 Schreibe das vollständige Wort zur Übung auch noch in die Klammern.

Der Kai_s_er (_Kaiser_) Friedrich Barbarossa rief zu einem gro____en (_____) Ritterturnier und

Kuno machte sich auf den Weg. Am Pfingstmontag stie____ (_____) er zum Turnierlager. Schon von

Weitem hörte er die Turnierrufer durch die Lagerga____en (_____) rufen: „Wappnet euch,

gute Ritter! Tragt stolzen Mut und bewei____t (_____) eure Ritterkraft!"

Auf dem Turnierfeld, das mit Wimpeln geschmückt war, wie____en (_____) Herolde mit langen

Stäben Ro____ (_____) und Reiter einen Platz an. Der Kai____er (_____) betrat

mit seiner Familie den Platz. Jubelnd wurde er von seiner Familie begrü____t (_____). Nur

langsam verstummte das Lärmen und Rufen und das Ei____engeklirr (_____) der

Waffen und das Stampfen der Ro____e (_____). Ein Herold verla____ (_____) mit

lauter Stimme die Turniergesetze. Dann ging es los. Kuno war heute nur Zuschauer, die Söhne des Kaisers waren die

ersten Kämpfer. Einen Startschu____ (_____) gab es nicht, der Kaiser gab mit seiner Hand

das Startzeichen. Die Reiter hielten ihre Lanzen bereit und drückten den Ro____en (_____) die

Fer____en (_____) in die Seiten. So rannten sie gegeneinander an, die Lanze fest auf den

Gegner gerichtet. Beinahe mu____ten (_____) die Ritter zusammensto____en

(_____), da machten beide Reiter kehrt. Der Kampf ging lange hin und

her, bis der Kai____er (_____) den Stab warf und damit den Kampf beendete. Die Kai____er

öhne (_____) hatten sich als mutig und stark erwie____en

(_____).

8 Vergleiche deine Lösungen mit dem Lösungsteil und berichtige Fehler auf den Korrekturzeilen.

_____

_____

_____

_____

Die Endsilbe -nis – Silbenrätsel

Einige Substantive/Nomen werden mit der Endsilbe -nis gebildet. Um Fehler zu vermeiden, sollte man sich die Schreibung dieser Endsilbe einfach einprägen.

9 Löse das Silbenrätsel und rahme die Endsilbe -nis ein.

DER – ER – ER – ER - ~~FÄNG~~ – FINS – ~~GE~~ – GE – GEB - HEIM - HIN – KENNT – ~~NIS~~ - NIS - NIS - NIS - NIS – NIS –

NIS – NIS - TER – ZEUG - ZEUG

a) Anderes Wort für Haftanstalt: Gefäng(nis)

b) Anderes Wort für Dunkelheit: _____

c) Dies bekommt jeder Schüler am Schuljahresende: _____

d) Anderes Wort für Hürde: _____

e) Anderes Wort für Produkt: _____

f) Zuwachs an Wissen: _____

g) Niemand soll es erfahren, das ...:   _____

h) Anderes Wort für Resultat: _____

Bildung des Plurals: -nis wird zu -nisse

10 Setze die Lösungen des Silbenrätsels – wenn möglich – in den Plural:

die Gefängnisse, _____

_____

Noch mehr -nis und -nisse – Wortbildung

11 Bilde aus folgenden Verben ein Substantiv/Nomen, das mit -*nis* endet, und setze dieses in den Plural.

bilden	versäumen	vermachen	erfordern

ereignen   **-NIS**   verloben   erschweren

empfangen	betrüben	bedrängen	erleben

das Bildnis – die Bildnisse,

_____

_____

_____

_____

_____

Wörter auf -as, -is, -us – Buchstabenchaos

12 Vor allem Fremdwörter (Wörter, die aus anderen Sprachen ins Deutsche gelangt sind) enden auf -*as*, -*is*, -*us*. Da es nicht sehr viele sind, ist es auch hier sinnvoll, sich die Schreibung einzuprägen: Finde aus diesem Buchstabenchaos alle Wörter/Fremdwörter auf -*as*, -*is*, und -*us* heraus. Umrahme jeweils die Wörter und schreibe sie auf. Achte dabei auf die Großschreibung!

faskistuskasussibelopenspraxistafisankisananasbeglixest
atlaspasimfesluftikuskorispeomnibusgrafetisverlimnesbasis
kimlesirfoszirkuskomfaspornisgritempusblofisteronisforzi
kaskürbisvostimasbazilluserkemisten

der Kasus,

_____

_____

13 Setze nun diese Fremdwörter in folgende Sätze passend ein.

a) Meine Lieblingsfrüchte sind der _____ und die _____ .

b) In der _____ eines Arztes versteckt sich gern mal ein _____ .

c) Heute fuhr ich mit dem _____ zum _____ . Dort bewunderte ich

den Hochseilartisten, der sich „_____" nannte und mit einer Blume in der Hand auf dem

Seil tanzte.

d) Die Prüfung in Grammatik behandelte den _____ des Nomens und das

_____ des Verbs.

e) Die Arbeit mit dem _____ ist die _____ jeden Geographieunterrichts.

Singular und Plural – aus -us wird -en

14 Bilde den Singular zu folgenden Pluralformen und schreibe ihn mit Artikel auf.

Disken   _der Diskus_

Globen   _____

Kakteen   _____

Organismen _____

Radien   _____

Rhythmen   _____

Viren   _____

Im Überblick: die s-Laut-Schreibung im Wortinnern und am Wortende

15 Für diese Übung benötigst du ein Extrablatt mit Korrekturrand! Lasse dir den Text diktieren oder mache ein Laufdiktat, indem du die Vorlage so weit von deinem Platz entfernt hinlegst, dass du sie von dort nicht mehr lesen kannst.

16 Vergleiche dein Diktat mit dieser Vorlage, markiere und korrigiere deine Fehler am Rand.

Rund um das Ritterturnier

Das Turnier war für alle ein großes Ereignis, also war der Turnierplatz voller Menschen, obwohl es Pfingsten sehr heiß war. Am Rande des Feldes lagerte ein Zirkus. Bärenführer und Seiltänzer, barfuß und im engen Anzug, beeindruckten die Zuschauer, die im Gras lagerten. Musikanten bliesen schwungvolle Melodien auf ihren Flöten und Trompeten. Die Kinder spielten Hindernisrennen und erfrischten sich im nahegelegenen Fluss.
Zum Turnier erhielten nur geladene Gäste Einlass, so viel war allen gewiss. Die Gäste waren sich der Ehre bewusst und blieben bis zum Einbruch der Finsternis, erfrischten sich mit Speiseeis (ja, das gab es schon) und jubelten zum Schluss dem Sieger zu.
Zum Abschluss gab es für alle, Fürsten, Ritter, Bürger, ein großes Festessen. Auch Kuno schloss sich an und aß unvergesslich köstliche Speisen.
Für Groß und Klein, Arm und Reich war dieser Tag ein unvergessliches Erlebnis.

17 Kennst du noch die Regeln? Finde weitere Beispiele aus dem Text für folgende Fälle:

Langer Vokal + stimmloser (scharfer) s-Laut am Wortende: _groß, Gras,_ _____

_____

Langer Vokal + stimmloser (scharfer) s-Laut im Wortinneren: _großes,_ _____

_____

Kurzer Vokal + stimmloser (scharfer) s-Laut am Wortende: _gewiss,_ _____

_____

Kurzer Vokal + stimmloser (scharfer) s-Laut im Wortinneren: bewusst,

Langer Vokal und stimmhafter (weicher) s-Laut im Wortinneren: Musikanten,

Endsilbe -nis:

Wörter auf -us:

18 Finde für jeden Fall zwei weitere Beispiele.

s-Laut + t

Stammschreibung – s bleibt s, ß bleibt ß, ss bleibt ss

1 Vervollständige die Sätze nach dem Beispiel des ersten Satzes, indem du jeweils den Infinitiv, die 3. Person Singular Präsens und das Partizip II (Partizip Perfekt) einsetzt. Markiere jeweils s grün, ß rot und ss blau.

a) Er liebt hohe Geschwindigkeit und will immer nur **rasen**. Mit den Skiern **rast** er den Berg hinunter, nachdem er mit dem Auto in die Berge **gerast** ist.

b) Sie kann es gar nicht _____ : Seit der Bankräuber **gefasst** ist, _____ sie keinen klaren Gedanken mehr.

c) Er _____ für sein Leben gerne. Am liebsten geht er italienisch **essen**. Erst gestern hat er wieder bei seinem Lieblingsitaliener _____ .

d) Bis vor Kurzem hat sie noch Schmidt **geheißen**. Jetzt _____ sie Meier. Dabei wollte sie immer Huber _____ .

e) Er legt Wert darauf, _____ zu werden. Seine Schüler müssen ihn immer _____ , er **grüßt** dann auch freundlich zurück.

f) Sie _____ leidenschaftlich gerne Kreuzworträtsel, schon viele hat sie _____ . Doch dieses ist zu verzwickt, sie kann es nicht **lösen**.

reist und reisen, reißt und reißen – Knappe Haralds Festschmaus

2 Wende bei allen mit einem Sternchen versehenen Verben zunächst die Ableitungsprobe an, indem du den Infinitiv aufschreibst. Ergänze anschließend die richtigen Buchstaben.

Kuniberts Knappe Harald spei✳t und schmau✳t für sein Leben gerne, sein Benehmen lä✳t dabei jedoch oft zu wünschen übrig, so nie✳t er zum Beispiel oder stö✳t während des Essens auf, manchmal vergi✳t er auch, dass er den Mund noch voll hat und blä✳t beim Sprechen seinem Gegenüber die Speisereste ins Gesicht. Oft dö✳t er sogar während des Mahls ein. Wenn man ihn zurechtwei✳t, fa✳t er sich an den Kopf und i✳t munter weiter.

topfit Deutsch – Rechtschreiben 2 © 2007 Oldenbourg Schulbuchverlag

Korrekturspalte

speist ← speisen

3 Vergleiche mit dem Lösungsteil und korrigiere Fehler in der Korrekturspalte.

st, sst oder ßt? – Haralds kleiner Scherz

4 Harald scherzt: Statt s-Laut + t bringt er nur ein „mpf" heraus! Schreibe den Text richtig ab.

Fehlertext

An Ompfern impf mein Herr mit mir zu einem Fempf gereimpf. Er impf wirklich viel und beimpf selbmpf in die Knochenrempfe, doch mir reimpf meimpfens fampf die Wempfe, weil ich mir den Wanmpf so voll schlage. Und wehe ich mümpfe humpfen! Du sagtempf doch mal, du wümpfempf, wie man fampfet …

An Ostern ist

Eine Familie – unterschiedliche s-Laut-Schreibung

5 Folgende Wörter einer Reihe stammen jeweils aus einer Wortfamilie, weisen jedoch je nach Vokallänge bzw. -kürze verschiedene Schreibungen der s-Laute auf. Vervollständige die Reihen mit den richtigen Vokalen und s-Lauten. Lies dir die Wörter laut vor, markiere kurze Vokale mit einem Unterpunkt und lange mit einem Unterstrich. Schreibe ß rot und ss blau.

wiSSen	das Gew___en	ich w___	er w___te	das Bew___tsein
flie___en	er fl___	fl___end	der Fl___	fl___ig	gefl___en
bei___en	b___ig	das Geb___	b___end	ich b___	geb___en

6 Überprüfe deine Ergebnisse mithilfe des Lösungsteils. Schreibe falsch geschriebene Wörter noch einmal richtig auf.

_____

_____

7 Verfahre wie in Aufgabe 5.

Genu___	gen___en	er gen___	gen___lich	gen___erisch	gen___en
schlie___en	Schl___	schl___lich	er schl___	sie schl___t	geschl___en

Partnerdiktat – Turniererlebnis ohne Söhne

8 Schreibe den folgenden Text mit deiner Nachbarin oder deinem Nachbarn als Partnerdiktat. Decke während des Schreibens den Diktattext mit einem Blatt ab oder schreibe auf einem Extrablatt.

Kuno wusste, dass das Ritterturnier das größte Erlebnis in seinem Leben war. Sein Gewissen war nicht ganz rein, weil er seine Söhne nicht mitgenommen hatte. Ehrlich gesagt war ihm bewusst gewesen, dass der Genuss ohne seine Söhne größer sein würde. Denn die machten einfach zu viel Unsinn; sie wären in den Fluss gefallen, der gefährlich schnell fließt, oder hätten sich genießerisch über fremde Süßigkeiten hergemacht.
Vielleicht wären sie auch von einem der vielen streunenden Hunde gebissen worden. Beißende Hunde hatte er viele gesehen. Daher hatte er sich entschlossen, sie zu Hause zu lassen. Doch jetzt sagte er sich: „Ach was, das sind alles Ausreden! Ich weiß jetzt, dass ich sie hätte mitnehmen müssen. Hoffentlich gibt es irgendwann wieder so ein großes Turnier. Sie sollen auch einmal eines genießen können!"

topfit Deutsch – Rechtschreiben 2 © 2007 Oldenbourg Schulbuchverlag

ß nach langem Vokal, ss nach kurzem Vokal – Konjugationstabelle

9 Fülle folgende Konjugationstabelle nach dem Beispiel der zweiten Zeile aus. Markiere kurze Vokale mit einem Unterpunkt, lange mit einem Unterstrich und achte dementsprechend auf die Schreibung des s-Lautes.

Infinitiv	3. Person Singular Präteritum	Partizip II (Partizip Perfekt)
essen	er aß	gegessen
	er schoss	
messen		
		gerissen
lassen		
	er goss	

Vom Präsens ins Präteritum – er genießt, er genoss

Harald **genießt** das Mahl und **isst** ohne Unterlass. Der Wein **fließt** in Strömen und die Verlobten **lassen** sich von den Gästen feiern. Harald **beschließt** das Essen mit einem Bier, Musik und Tanz **reißen** ihn zunächst mit, doch schließlich **lässt** er den Abend ruhig ausklingen.

10 Nach dem Essen erzählt er seinem Freund von dem Erlebten. Setze den Text in die 1. Person Präteritum. Achte dabei besonders auf die Schreibung der fettgedruckten Wörter.

Ich genoss das Mahl und

_____

_____

_____

_____

_____

_____

Regeln zur s-Laut-Schreibung im Überblick

11 Kreuze an: Stimmen die folgenden Aussagen? Ergänze die richtigen Aussagen mit Beispielen.

	Richtig	Falsch

a) Nach kurzem Vokal steht immer *ß*. ☐ ☐

Beispiel: _____

b) Nach langem Vokal steht *ß* oder *s*. ☐ ☐

Beispiel: _____

c) Am Wortende kann nie der Buchstabe *s* stehen. ☐ ☐

Beispiel: _____

d) Substantive/Nomen mit der Endsilbe *-nis* kann man nicht in den Plural setzen. ☐ ☐

Beispiel: _____

e) Einige Fremdwörter enden auf *-as, -is, -us*. ☐ ☐

Beispiel: _____

f) Die meisten Substantive/Nomen mit *-us* am Wortende bilden ihren Plural mit *-usse*. ☐ ☐

Beispiel: _____

g) Innerhalb einer Wortfamilie können keine unterschiedlichen s-Laut-Schreibungen auftreten. ☐ ☐

Beispiel: _____

das oder dass?

→ Wenn du im Zweifel bist, ob *das* nach dem Komma mit *s* oder *ss* geschrieben wird, hilft dir die **Ersatzprobe**:
Kann man *das/dass* **nicht** durch *dieses* oder *welches* ersetzen, dann ist es eine **Konjunktion** und muss mit *ss* geschrieben werden → *dass*.
Wenn man *das/dass* durch *dieses* oder *welches* ersetzen kann, handelt es sich um ein Relativpronomen und wird mit *s* geschrieben → *das*.

Beispiel:
Ich sehe, das/dass du müde bist.
Ersatzprobe: *Ich sehe, welches du müde bist.* (Das ist kein korrektes Deutsch, also musst du *dass* einsetzen. → *Ich sehe, dass du müde bist.*)

Ich sehe ein Mädchen, das/dass über die Straße läuft.
Ersatzprobe: *Ich sehe ein Mädchen, welches über die Straße läuft.* (Das ist korrektes Deutsch, schreibe also *das*. → *Ich sehe ein Mädchen, das über die Straße läuft.*)

Die Ersatzprobe anwenden – Aberglaube und Hexenwahn

1 Wende die Ersatzprobe an und setze *das* oder *dass* richtig ein. Schreibe zuerst mit Bleistift und korrigiere nach der Überprüfung im Lösungsteil mit Füller.

Für das Altertum war die Welt ein abgrundtiefes Geheimnis, das/d̶a̶s̶s̶ (welches) sie nicht begreifen

konnten. Die Menschen fassten das Unwetter, das/dass (_____) ihnen das Saatgut auf den Feldern

zerstörte, als das unheilvolle Wirken von Halbgöttern oder Dämonen auf.

Das frühe Mittelalter, das/dass (_____) an Geister und Dämonen glaubte, vertraute noch darauf,

das/dass (_____) Zauberer und Hexen Hilfe gegen böse Mächte böten.

Im späten Mittelalter sah die Inquisition, eine Kirchenbehörde zur Verteidigung des christlichen Glaubens, im

Aberglauben eine Gefahr für die Kirche und begann ein planmäßiges Verfolgen der angeblichen Zauberei,

das/dass (_____) bald erschreckende Ausmaße annahm. Es betraf vor allem kräuterkundige Frauen,

die Kranken halfen.

Die Inquisition warf den Hexen vor, das/dass (_____) sie mit dem Teufel im Bunde seien. Das Vorgehen

gegen die angeblichen Hexen, das/dass (_____) meist unerbittlich war, führte in der Regel zu einem

Geständnis, das/dass (_____) durch Folter erzwungen wurde. Viele Menschen bedauerten die „Hexen"

und fanden, das/dass (_____) die „Hexen" doch nur Kranken und Schwachen mit ihren Kräutern

helfen wollten.

das oder dass? – Unter Verdacht

2 Setze nun selbstständig *das* oder *dass* ein, indem du die Ersatzprobe anwendest. Schreibe auch hier zuerst mit Bleistift, nach der Überprüfung mit dem Lösungsteil mit Füller.

Sobald jemand das Opfer eines Verdachtes oder einer Anzeige geworden war, leitete ein Gericht, _____ (

_____) zuständig war, ein Verfahren ein, _____ (_____) mit der Befragung weiterer Zeugen

begann. Diese wurden meist zu solch stichhaltigen Aussagen gedrängt, _____ (_____) die Verhaftung

erfolgen konnte. Zunächst wurde jeder Angeklagte ins Gefängnis gebracht, _____ (_____) für jeden

ein Schock war, da es sich in einem so erbärmlichen Zustand befand, _____ (_____) es von Mäusen,

Ratten und Ungeziefer nur so wimmelte. Auf das erste Verhör folgte meist die sogenannte „Hexenprobe", bei der

man zum Beispiel das „Hexenmal" suchte, _____ (_____) angeblich der Teufel jeder Hexe aufprägte.

Außerdem war man der Überzeugung, _____ (_____) es das sicherste Zeichen für die Schuld der Frau

sei, wenn sie unter der Folter nicht weine. Umgekehrt spreche jedoch der Umstand, _____ (_____) sie

keine Träne vergieße, keineswegs für ihre Unschuld.

Die Konjunktion *dass*

Signalwörter – Vorwürfe und Anklage

→ Die Verben des Sagens, Denkens, Fühlens und Wahrnehmens (*meinen, sehen, ...*)
sind Signalwörter, nach denen die Konjunktion *dass* folgt.

Ich sage, dass ...
Ich sehe, dass ...   ... es regnet.
Ich höre, dass ...
Ich spüre, dass ...

1 Unterstreiche in folgendem Text diese Signalwörter und setze die Konjunktion *dass* ein.

Ungerechte Vorwürfe

Die Ankläger warfen der Hexe vor, _____ sie sich dem Teufel hingegeben habe. Sie meinten, _____ ein

solcher „Dämonenpakt" eine schwere Beleidigung Gottes sei, und zwar auch dann, wenn die Hexe gar nicht gemerkt

habe, _____ sie sich mit dem Teufel einlasse. Die angeklagte „Hexe" spürte bald, _____ sie ihren Anklä-

gern hilflos ausgeliefert war, und sie musste schmerzlich erfahren, _____ alles gegen sie verwendet wurde, egal

was sie sagte oder wie sie reagierte. Unter der schmerzhaften Folter gaben ohnehin fast alle Frauen zu, _____

alles, was ihnen vorgeworfen wurde, der Wahrheit entsprach.

Erst im 17. Jahrhundert nahm das Elend ein Ende, die Zahl der Hexenprozesse ging zurück, im 18. Jahrhundert

fanden die letzten Prozesse statt.

Signalwort + dass – Formuliere selbst!

2 Formuliere nun selbst Sätze, die die vorgegebenen Verben und die Konjunktion *dass*
enthalten. Unterstreiche dann das jeweilige Verb und die Konjunktion *dass*.

| bedauern | befürchten | erlauben | glauben | hoffen | wissen | wünschen |

Viele Menschen hofften, dass solche Prozesse nie wieder stattfinden werden.

3 Vergleiche deine Lösungen mit denen deiner Partnerin oder deines Partners.
Korrigiert euch gegenseitig.

das/dass

4 Formuliere selbstständig vier kurze Satzgefüge zu den vorgegebenen Themen mit der
Konjunktion *dass*.

Thema: Planung der Projektwoche „Mittelalter"

gesagt: Ich schlug vor, dass wir uns in Gruppen einteilen sollten.

gedacht: Ich hoffte, dass Annika in meine Gruppe kam.

wahrgenommen: Dann sah ich, dass Annika doch in eine andere Gruppe ging.

gefühlt: Ich spürte, dass ich ein wenig traurig war.

Thema: Die Gruppenarbeit in der Projektgruppe

gesagt:

gedacht:

wahrgenommen:

gefühlt:

Thema: Die Präsentation der Arbeitsergebnisse

gesagt:

gedacht:

wahrgenommen:

gefühlt:

Relativpronomen und Konjunktion unterscheiden – Chaos während der Projektwoche

5 Bilde aus folgenden Sätzen jeweils ein Satzgefüge mit Relativsatz und ein Satzgefüge mit der Konjunktion *dass*.

a) Wir benötigten viel Material für die Stellwände. Wir gaben viel Geld aus.

Relativsatz: Für das Material, das wir für unsere Stellwände benötigten,
gaben wir viel Geld aus.

Konjunktion *dass*: Wir benötigten so viel Material für unsere Stellwände,
dass wir viel Geld ausgeben mussten.

b) Das Gespräch über die Gestaltung der Stellwände war chaotisch. Wir waren zunächst ziemlich ratlos.

Relativsatz:

Konjunktion *dass*:

c) Das Zurechtschneiden der Infokarten war eine langweilige Aufgabe. Natürlich wollte sie keiner übernehmen.

Relativsatz: _____

_____

Konjunktion *dass*: _____

_____

d) Das Schreiben der Infotexte machte allerdings richtig Spaß. Das wollten die meisten übernehmen.

Relativsatz: _____

_____

Konjunktion *dass*: _____

_____

e) Das Aufkleben der Infokarten war eine schmierige Angelegenheit. Unsere Hände waren ganz verklebt.

Relativsatz: _____

_____

Konjunktion *dass*: _____

_____

f) Das Präsentieren unserer Arbeit verlief dann aber reibungslos. Es machte uns sehr stolz.

Relativsatz: _____

_____

Konjunktion *dass*: _____

_____

6 Vergleiche deine Sätze mit dem Lösungsteil und korrigiere Fehler auf den folgenden Zeilen.

_____

_____

_____

_____

_____

_____

_____

_____

_____

Teste dein Können!

1 Lasse dir den Text diktieren oder mache ein Laufdiktat, indem du die Vorlage so weit
von deinem Platz entfernt hinlegst, dass du sie von dort nicht mehr lesen kannst.

„Nimm den Fluch von mir, du Hexe!"
Armgard stellte die flackernde Kerze auf einem Sims ab. Dann riss sie ihre Ziehschwester vom Strohlager hoch und
zischte noch einmal: „Nimm diesen Fluch von mir, hörst du!"
Barbara wurde vom Wachslicht, das die Besucherin in das feuchte Gewölbe ihres Kerkers gebracht hatte, geblendet.
Schützend legte sie die Hände vor die Augen. Sie konnte kaum die Umrisse der Gestalt erkennen. Trotzdem wusste
sie, wen der Wächter eingelassen hatte. Niemand sprach so herrisch wie Armgard, die Tochter des Ratsherrn und
Kaufmanns Heinrich Burger.
Es dauerte einige Herzschläge lang, bis Barbara sich an das Licht gewöhnt hatte. Ihre Augen suchten die des anderen
Mädchens. „Ich bin keine Hexe", sagte sie. „Und du weißt das besser als jeder andere. Was willst du? Warum störst
du die Gebete meiner letzten Nacht?"
„Du betest?" Armgard lachte höhnisch. „Du hast mich verflucht. Nur du kannst es gewesen sein. Und jetzt fault mein
Leib!" Der Hass in ihrer Stimme machte einem angstvollen Flehen Platz. „Wenn du morgen auf dem Scheiterhaufen
brennst und der Fluch nicht von mir genommen ist, dann …"
„Dann?", fragte Barbara. In ihr war die Ruhe eines Menschen, der keine Hoffnung mehr hat. Sie erhoffte sich auch
von Armgard keine Rettung vor dem Flammentod, denn deren Hass war es gewesen, der sie in diesen Kerker und vor
die Richter der Inquisition gebracht hatte. „Was ist dann?", fragte sie noch einmal, da Armgard sich abgewandt
hatte. „Ich will, dass du mir hilfst", flüsterte Armgard.

2 Finde aus dem Diktattext jeweils möglichst viele Beispiele für folgende Proben.

a) **Ableiten:** Wächter ← wachen,

_____

b) **Verlängern:** _____

_____

c) **Sprechprobe bei Dehnung:** Markiere den langen betonten Vokal mit einem Unterstrich.

Fluch,

_____

d) **Sprechprobe bei Schärfung:** Markiere den kurzen betonten Vokal mit einem Unterpunkt.

_____

_____

e) **Ersatzprobe bei** *das-dass:*

Finde im Text ein Beispiel für den **Artikel** *das* und ersetze ihn durch *dieses*.

das Licht – dieses Licht,

Finde im Text ein Beispiel für das **Relativpronomen** *das* und ersetze es durch *welches:*

_____

Finde im Text ein Beispiel für die **Konjunktion** *dass,* die sich nicht durch *dieses* und *welches* ersetzen lässt:

_____

Nomen/Substantive an Signalwörtern erkennen

Ein Hinweis: Hauptwörter werden als *Nomen* oder als *Substantive* bezeichnet. Beide Begriffe sind vollkommen gleichbedeutend. Zur besseren Lesbarkeit findest du im Folgenden nur den Begriff *Nomen*, den du auch aus dem Englischen kennst.

Signalwort Artikel – der Artikel als Begleiter des Nomens

1 Unterstreiche in dem Text alle Nomen. Umrahme die dazugehörigen Artikel. Arbeite zunächst mit Bleistift und male nach der Lösungskontrolle die umrahmten Felder mit einem Buntstift aus.

Fehlertext

(Das) <u>Mittelalter</u> – die Zeit der Städtegründung

So kam es damals häufig zu der Gründung einer Stadt: Die Handwerker, die für eine Burg oder ein Kloster arbeiteten, siedelten sich meist an einem Fluss oder See an. So entstanden die ersten Siedlungen. Die Kaufleute, die sich auf der Durchreise befanden, um der Burg oder dem Kloster Waren zu verkaufen, wollten gern an dem Ort regelmäßig einen Markt abhalten. Deshalb erbaten sie bei dem Erzbischof oder bei dem König das Marktrecht. Durch das Marktrecht entwickelte sich die Siedlung zu einer Stadt, in der regelmäßig ein Markt abgehalten wurde.

Ein Wort sendet Signale – der Artikel als Signalwort für ein Nomen

2 Unterstreiche alle Nomen, umrahme die dazugehörigen Artikel und schreibe den Text dann in der richtigen Groß- und Kleinschreibung ab.

Fehlertext

Früher hatte es an (dem) <u>ort</u> zwar meist auch einen markt gegeben, vor allem wenn er an einer wegkreuzung lag. Aber nun ging es darum, dass der markt unter den schutz des königs oder bischofs gestellt und somit als ein marktflecken anerkannt werden sollte. Zu dem zweck wurde die fahne des königs oder des bischofs auf dem marktplatz aufgestellt.

3 Vergleiche mit dem Lösungsteil und berichtige Fehler auf den Korrekturzeilen.

Auf der Suche nach Nomen und Artikeln – eine Stadt entsteht

4 In folgendem Text fehlen alle Artikel. Füge überall dort, wo es möglich ist, einen bestimmten oder unbestimmten Artikel ein und schreibe dann alle Nomen in Großschreibung mit Artikel aus dem Text heraus.

Zu _dem_ markttag _____ kamen _____ bauern _____ aus _____ umgebung _____ und

_____ tauschten _____ güter. Auch _____ handwerker _____ bekamen _____ von _____ bischof

_____ grund _____ zugewiesen _____ und _____ bauten _____ dort _____ fachwerkhäuser.

5 Vergleiche mit dem Lösungsteil und berichtige Fehler auf den Korrekturzeilen.

Nomen ohne Signalwort – die Artikelprobe anwenden

6 In folgendem Text werden nicht alle Nomen von einem Artikel begleitet. Finde alle Nomen heraus, indem du in Gedanken die Artikelprobe (vgl. Aufgabe 4) vornimmst, unterstreiche sie und schreibe den Text in der richtigen Groß- und Kleinschreibung ab.

Fehlertext

Wer seine waren auf dem markt verkaufen wollte, musste an den stadtherren (könig,

herzog, bischof, fürst) zuvor marktgebühren und zölle bezahlen. um sich vor konkur-

renz zu schützen, schlossen sich kaufleute zu „gilden" zusammen und handwerker zu

„zünften". die zunftordnung regelte rechte und pflichten von meister, geselle und

lehrling ebenso wie preise und löhne. kaufleute, die es zu wohlstand und reichtum

gebracht hatten, wurden zu einer neuen art adelsschicht.

_____

_____

_____

_____

_____

_____

7 Vergleiche mit dem Lösungsteil und berichtige Fehler auf den Korrekturzeilen.

_____

_____

_____

Nomensuche – das Zunftwappen

8 Schreibe aus diesem Zunftwappen nur Eigennamen und Nomen mit ihrem Artikel heraus. Die Anfangsbuchstaben der Eigennamen und Nomen verraten dir, wie man die neue Adelsschicht der reichen Kaufleute und Handwerker nannte.

SCHMAL PEST EDEL GEGRÜNDET
ABGABE KLÖSTERLICH REICHLICH
ZIVILISIERT TATENDRANG
IMMUN REGENSBURG ABGEBEN
EHRLICH GEGRÜNDET INNENHOF
REICHLICH ZIVILISATION
TATENLOS VERTRAUT ILM
EINFLUSS VERWALTEN RANK
INNERSTÄDTISCH REICHSGRENZE
TATENLOS GEREICHT
IMMER BETTELARM
KAUFTEN

_____

_____

_____

_____

Neue Adelsschicht der reichen Kaufleute und Handwerker:

die _____

Artikel für Fortgeschrittene I – ein Adjektiv schiebt sich dazwischen

→ Der Artikel steht nicht immer direkt vor dem Nomen. Manchmal hat sich ein Adjektiv zwischen Artikel und Nomen geschoben, z.B. _der reiche Kaufmann_.

9 Schreibe aus dem Text alle Nomen mit dazugehörigen Artikeln und eingeschobenen Adjektiven heraus. Kreise den Artikel ein, unterstreiche das Nomen und zeichne einen Pfeil vom Artikel zum Nomen.

Die in Zünften organisierten Handwerker lebten jeweils in einer einzigen Straße zusammen. An den alten Handwerkshäusern lässt sich auch gut erkennen, dass die reichsten Zünfte rund um den großen Marktplatz wohnten, während die ärmsten Stadtbewohner die kargen Häuser oft direkt an die breite Stadtmauer bauten, um eine zusätzliche Wand zu sparen.

(die) in Zünften organisierten Handwerker

10 Vergleiche mit dem Lösungsteil und berichtige Fehler auf den Korrekturzeilen.

Artikel für Fortgeschrittene II – der Artikel versteckt sich

→ Manchmal ist der Artikel auch in einer Präposition versteckt,
z.B.: _im_ Burghof = _in dem_ Burghof.

11 Unterstreiche im Text alle Nomen mit verstecktem Artikel, schreibe sie heraus und
„enttarne" dabei die Artikel.

Viele Städte entstanden am Fuße einer Burg, am Ufer eines Flusses oder am Rande

belebter Handelsstraßen. Zum großen Einzugsbereich der Städte gehörte das ge-

samte Umland und alle Bauern fuhren zum wöchentlichen Markttag ins Stadtinnere.

Die Geschäfte waren einfache Zimmer, die zur Straße hin offen waren. Fast alles, was

man dort verkaufte, wurde im hinteren Teil des Hauses hergestellt.

Korrekturspalte

an dem Fuße

12 Vergleiche mit dem Lösungsteil und berichtige Fehler in der Korrekturspalte.
13 Verfahre wie in Aufgabe 11. Korrigiere außerdem bei sämtlichen Nomen auch noch
die Schreibung der Anfangsbuchstaben.

Fehlertext

L

Das tägliche leben in der stadt spielte sich am marktplatz ab. Dort am brunnen trafen

sich die mägde zum wasserholen, am gemüsestand tratschten die bäuerinnen und im

gildehaus trafen sich die kaufleute. Sonntags um zehn uhr strömte alles zur kirche,

denn der gottesdienst war einerseits für alle pflicht, andererseits eine beliebte

gelegenheit zum austausch von nachrichten.

Korrekturspalte

14 Vergleiche mit dem Lösungsteil und berichtige Fehler in der Korrekturspalte.

Artikel für Fortgeschrittene III – Nomen mal mit, mal ohne, mal mit verstecktem Artikel

15 Unterstreiche alle Nomen im Text und schreibe ihn in der richtigen Groß- und Kleinschreibung ab.

Fehlertext

DAS GEDRÄNGTE ZUSAMMENLEBEN AUF KLEINSTEM RAUM IM STADTINNERN VERURSACHTE VIEL GESTANK, LÄRM UND RAUCH. ZUR ABFALLBESEITIGUNG UND VOR ALLEM ZUR VERRICHTUNG DER NOTDURFT WURDEN ÜBERALL ABORT-GRUBEN ANGELEGT. HAUPTVERSCHMUTZER DER STÄDTISCHEN STRASSEN UND GASSEN WAREN HERUMSTREUNENDE SCHWEINE, DAZU KAM DIE GEWERBLICH BEDINGTE VERSCHMUTZUNG, AN DER VOR ALLEM METZGER, GERBER UND FÄRBER BETEILIGT WAREN, DEREN ABFÄLLE IN ZUM TEIL VERHEERENDEM AUSMASS STÄDTE UND FLÜSSE VERUNREINIGTEN.

16 Vergleiche mit dem Lösungsteil und berichtige Fehler auf den Korrekturzeilen.

Typische Endungen von Nomen

Puzzle mit Unsinnsnomen – Welche Endung für welches Nomen?

→ Nicht nur die Artikelprobe kann dir beim Erkennen von Nomen helfen. Viele Nomen weisen für diese Wortart typische Endsilben, wie *-heit, -keit, -nis, -sal, -schaft, -tum* oder *-ung* auf.

1 Trenne bei folgenden Unsinnsnomen die für Nomen typischen Endsilben mit einem senkrechten Strich ab und ordne sie dann dem richtigen Wortbestandteil zu.

Alter|schaft, Dummung, Dunkeltum, Ehrlichung, Erbung, Erkenntschaft, Feindheit, Freikeit, Genauignis, Gesandtsal, Geständung, Haltbarschaft, Heiligheit, Hinderheit, Mühnis, Reichheit, Rinnung, Saubersal, Schickschaft, Sendnis, Trübtum, Übsal, Verachtnis, Verschwendschaft, Verwandtnis, Wachsschaft, Wagung, Wahrsal

-HEIT	-KEIT	-NIS	-SAL

-SCHAFT	-TUM	-UNG
	Altertum	

Lückentext – Nomen mit typischen Endungen richtig einsetzen

2 Setze folgende Nomen richtig in den Text ein.

Entbehrungen   Landbevölkerung   Reichtum   Schicksal

Sorglosigkeit   Verachtung   Verschwendung   Wachstum

Das unaufhaltsame _____ der Städte verschaffte nicht all ihren Bürgern

_____ und _____. Während viele reiche Kaufleute in

_____ leben konnten und für die Ärmsten nur _____ übrig

hatten, war das _____ der armen _____ oft hart und

voller _____.

topfit Deutsch – Rechtschreiben 2 © 2006 Oldenbourg Schulbuchverlag

Nomen erkennen – Artikelprobe und typische Endungen

3 Unterstreiche in folgendem Text alle Nomen, zeichne jeweils einen Pfeil vom Artikel
zum Nomen und umrahme alle typischen Nomenendungen. Schreibe den Text dann in
der richtigen Groß- und Kleinschreibung ab.

Fehlertext

Eine große bedrohung in der damaligen zeit war die rasante ausbreitung von krankheiten und seuchen, wie der pest

und der cholera. Die gefahr einer ansteckung war so groß, weil sich die meisten leute selten wuschen und außerdem

die leidige angewohnheit hatten, den müll einfach in die übervollen straßengräben zu werfen, in denen sich die

ratten tummelten, die die krankheiten übertrugen. Erste erkenntnisse in der medizin führten dann zur allmäh-

lichen verbesserung der öffentlichen sauberkeit.

4 Vergleiche mit dem Lösungsteil und berichtige Fehler auf den Korrekturzeilen.

Weitere Signalwörter für Nomen

Signalwort Demonstrativpronomen – die Bedeutung des Klosters für die Städter

1 Umrahme in folgendem Text alle Demonstrativpronomen und zeichne einen Pfeil vom
Demonstrativpronomen zum Nomen. Arbeite zunächst mit Bleistift. Nach dem
Vergleich mit dem Lösungsteil kannst du mit Buntstift überarbeiten.

Ein weiterer wichtiger Bestandteil der Stadt war meist das Kloster, auch wenn jene kirchliche Einrichtung oft außer-

halb der Stadtmauern lag. Aber Mönche und Nonnen waren für die Einwohner dieser nächstgelegenen Stadt sehr

wichtig, weil sie lesen und schreiben konnten.

Jene Felder und Gärten, die zum Kloster gehörten, waren auch meist besser bestellt als diejenigen der Bauern, da diese belesenen Ordensleute viel über Ackerbau und Obstanbau wussten. Dieses fundierte Wissen gaben sie auch weiter an diejenigen Schüler, die von ihren Eltern in die Klosterschule geschickt wurden.

DIESE oder JENE Waren – Markttag in der Stadt

2 Setze die Wörter aus dem Wortspeicher passend in den folgenden Text ein. Unterstreiche die Demonstrativpronomen.

ATTRAKTION	FLEISCHWAREN	OCHSEN

MARKTSCHREIER	MEHL	QUALITÄT	WÜRSTE

Die Bauern, Händler und Kaufleute preisen ihre Waren an: „Vergessen Sie jene geschmacklosen

__Fleischwaren__ meines Konkurrenten, diese hausgemachten _____ sind viel knackiger!",

schreit der Metzger. Er wird von jenem _____ übertönt, der schon immer die lauteste

Stimme der Stadt hatte: „Besuchen Sie das Stück unserer fahrenden Schauspieltruppe, diese sensationelle

_____ dürfen Sie sich nicht entgehen lassen!"

„Das Getreide, aus dem dieses _____ gemahlen wurde, stammt aus der besten Ernte des Landes,

diese einmalige _____ erreicht kein anderer!", bietet der Müller seine Ware an. Ein Bauer

will sein Vieh verkaufen: „Diese wohlgenährten _____ schleppen jeden schweren Karren!"

3 Schreibe den oben stehenden Text als Partnerdiktat auf ein Extrablatt. Unterstreiche alle dir bekannten Signalwörter und überprüfe danach noch einmal die Großschreibung der Nomen.

Signalwort Possessivpronomen – ein Kloster macht Werbung

4 Auch Possessivpronomen (*mein, dein, sein, ...*) kündigen ein Nomen an. Umrahme in folgendem Text alle Possessivpronomen und zeichne einen Pfeil vom Possessivpronomen zum Nomen.

Besucht unser Kloster, betet mit uns in unserer wunderschönen Abteikirche und unternehmt Eure nächste Wallfahrt zu der heiligen Reliquie unseres Patrons. Lernt unsere fleißigen Brüder kennen. Bruder Konrad kümmert sich um die Versorgung der Gäste, seine ehrenvolle Aufgabe besteht darin, den Reisenden die größtmögliche Gastfreundschaft zu gewähren. Auch Bruder Paul und Bruder Johannes nehmen ihre Pflichten ernst, sie widmen ihre ganze Kraft der Pflege des Klostergartens, während Bruder Franz sein großes Wissen an unsere Novizen weitergibt. Schickt Eure Söhne an unsere angesehene Klosterschule!

Unser Angebot, euer Vergnügen – ein Zirkus in der Stadt

5 Du bist Zirkusdirektor und sollst einen kleinen Werbetext verfassen, in dem du
folgende Possessivpronomen und Nomen kombinierst.

6 Unterstreiche in deinem Text anschließend alle Possessivpronomen und die dazugehörigen Nomen.

IHRE
MEINE
SEIN
SEINE
UNSER
UNSER
UNSERE

EINMALIGE KÖRPERBEHERRSCHUNG
GRAZILE TÄNZERIN
HOCHBEGABTE TRUPPE
SENSATIONELLER HOCHSEILARTIST
MUTIGER DOMPTEUR
NIE DAGEWESENE FURCHTLOSIGKEIT
ÜBERRAGENDES KÖNNEN

Demonstrativ- und Possessivpronomen – aus dem Leben eines Knappen

7 Unterstreiche in folgendem Text die Demonstrativpronomen mit den dazugehörigen
Nomen rot, die Possessivpronomen mit den dazugehörigen Nomen blau.

8 Schreibe den Text dann in richtiger Groß- und Kleinschreibung ab.

Fehlertext

Knappe harald erzählt von seinem alltag:

Dieses ewige gebürste des alten kleppers meines pedantischen herren ist ganz schön anstrengend. Und seine rüstung

und seine waffen zu polieren, ist auch nicht viel unterhaltsamer. Außerdem strapazieren diese dauernden ermah-

nungen meine armen nerven schon sehr. Immer muss ich von ihm hören: „Dein benehmen lässt zu wünschen übrig,

diese unmöglichen tischmanieren hast du sicherlich nicht von mir gelernt, meine geduld ist langsam am ende. Sei

vernünftig und verbessere deine fremdsprachenkenntnisse, wie sollen wir uns denn sonst mit unseren ausländischen

feinden verständigen, wenn wir sie besiegt haben." Dieses dauernde genörgel macht mein leben nicht gerade

einfacher. Aber immerhin bin ich immer in der nähe jenes reizenden burgfräuleins, ihr wunderbares lächeln entschä-

digt doch für vieles und hebt meist meine stimmung.

_____
_____
_____
_____
_____
_____
_____
_____
_____
_____
_____
_____
_____
_____

9 Vergleiche mit dem Lösungsteil und berichtige Fehler auf den Korrekturzeilen.

_____
_____
_____

Signalwort Indefinitpronomen und unbestimmtes Zahladjektiv – Bauern als „Hörige"

→ Auch Indefinitpronomen (*manche, einige, alle, jeder, kein, ...*) und unbestimmte
Zahladjektive (*viele, mehrere, die meisten, wenige, ...*) können Nomen ankündigen.

10 Schreibe aus folgendem Text diese Signalwörter mit ihren dazugehörigen Nomen
heraus.

Trotz der vielen Städtegründungen im Mittelalter, lebten die meisten Menschen auf dem Lande. Bis zur Zeit Karls des Großen besaßen manche Bauern eigenes Land, waren aber auch verpflichtet, mit dem König in den Krieg zu ziehen. Da der König gar manchen Krieg führte, unterstellten sich nicht wenige Bauern den Adligen und Klöstern, um jeder Kriegspflicht zu entgehen. Die neuen Herren wollten dafür jedoch allen Besitz, zwar durften die Bauern das Land weiter bewirtschaften, mussten jedoch mehrere Teile der Ernte abgeben. Auch war ihnen von nun an kein Wegzug mehr möglich, denn sie gehörten zu dem Land, das sie bebauten, und waren von nun an sogenannte „Hörige".

Korrekturspalte

_____   _____

_____   _____

_____   _____

_____   _____

_____   _____

_____   _____

_____   _____

11 Vergleiche mit dem Lösungsteil und berichtige Fehler in der Korrekturspalte.

Mal klein, mal groß – viel erlebt und viele Erlebnisse

12 Unterstreiche alle Indefinitpronomen, die ein Nomen begleiten, und schreibe die
Wörter in Klammern in der richtigen Groß- und Kleinschreibung in die Lücke.

> **Tipp** Wenn du dir unsicher bist, wende die Artikelprobe an.

Ein fahrender Sänger berichtet von seinen Erlebnissen:

Auf allen _meinen Reisen_ (MEINEN REISEN) habe ich schon viel _____ (ERLEBT).

Jeder _____ (BERICHTET) mir von seinen Nöten und ich höre mir auch jede

_____ (GESCHICHTE) an, denn im Grunde ist keine _____ (UNINTER-

ESSANT). Selbst manch _____ (KLEINES KIND) weiß schon viele

_____ (NEUIGKEITEN) zu berichten, denn Kinder haben viel

_____ (GEHÖRT UND GESEHEN), ohne dass die meisten _____

(ERWACHSENEN) es bemerken.

Indefinitpronomen und unbestimmte Zahladjektive – Buchstabenkette

13 In der Buchstabenkette sind weitere Signalwörter versteckt, die ein Nomen ankündigen. Umrahme sie und schreibe sie heraus.

s e b a l l e t r e m w e n i g e c h o m m a n c h e l u w e m e h r e r e o n x i e t w a s m i n u v i e l e r l e i y o n k i
w a m o s i k e i n v r a s o t i e i n i g e b r u f t a l l e r l e i m i x t i r p l a f v i e l k i r m s x a g e n u g f r u n t a

alle, _____

_____

14 Kombiniere sie mit einem Nomen bzw. mit einem Verb oder Adjektiv, das durch dieses Signalwort nominalisiert und somit großgeschrieben wird.

_____

_____

_____

_____

_____

_____

Alle Signalwörter erkennen – der Zeitvertreib der Burgbewohner

15 Unterstreiche in dem Text alle Nomen mit ihren jeweiligen Signalwörtern und ordne sie dann in die Tabelle ein. Berichtige dabei auch die Kleinschreibung.

Fehlertext

Die meisten burgbewohner trafen sich oft im freien zum ballspiel. Dieses spiel gehört

schon zur vorgeschichte des heutigen fußballs. Im winter halfen nur viele brettspiele

über ihre langeweile hinweg, vor allem das beim adel beliebte würfelspiel. Diesen

zeitvertreib verbot jedoch die kirche, da sie kein glücksspiel duldete. Frauen beschäf-

tigten sich meist mit ihren handarbeiten.

Ein weiterer zeitvertreib des ritters war die jagd mit pfeil und bogen, speer und

armbrust. Diese waffen benutzte er auch im kampf. Sein beliebtestes beutetier war

das wildschwein.

Nomen ohne Signalwort	Artikel + Nomen	verschmolzener Artikel + Nomen
_____	_____	_____
_____	_____	_____
_____	_____	_____
_____	_____	_____
_____	_____	_____
	_____	
	_____	

topfit Deutsch – Rechtschreiben 2 © 2006 Oldenbourg Schulbuchverlag

Demonstrativpronomen + Nomen	Possessivpronomen + Nomen	Indefinitpronomen/Zahladjektiv + Nomen

Nominalisierung von Verben und Adjektiven

→ Verben und Adjektive werden großgeschrieben, wenn man sie als Nomen verwendet. Sie sind dann in die Wortart Nomen übergetreten. Die Signalwörter für Nomen vor einem Verb oder Adjektiv kündigen eine Nominalisierung an.

Nominalisierte Verben und ihre Signalwörter – mal mit, mal ohne, mal mit verstecktem Artikel

1 Unterstreiche in folgendem Text alle nominalisierten Verben mit Artikel und schreibe sie heraus.

Das Mittelalter war auch das Zeitalter der großen Dombauten. Der Bischof kümmerte

sich dabei um das Beschaffen der nötigen Geldmittel. Deshalb erhob er zum Beispiel

in seinem Marktbereich Sondersteuern beim Handeln mit Geflügel. Auch das Sam-

meln von Geldern beim Abhalten der Prozessionen war an der Tagesordnung. Zudem

wurden wohlhabende Bürger, der König und die Fürsten zum Schenken und Stiften

angehalten. Dann konnte die harte Arbeit im Steinbruch beginnen und man vernahm

dort lautes Hämmern und Klopfen.

Korrekturspalte

2 Vergleiche mit dem Lösungsteil und berichtige Fehler in der Korrekturspalte.

Der versteckte Artikel – beim Arbeiten, zum Arbeiten, im Arbeiten

→ Oft ist der Artikel als Signalwort für die Nominalisierung mit einer Präposition verschmolzen, z.B. _beim_ Arbeiten = _bei dem_ Arbeiten.

3 Unterstreiche in folgendem Text alle mit einer Präposition verschmolzenen Artikel und das dazugehörige nominalisierte Verb.

4 Schreibe sie anschließend heraus und „enttarne" dabei den Artikel.

Beim vorsichtigen Abtragen der alten Kirche wurde darauf geachtet, dass ein Teil

stehen blieb, damit beim Abhalten des Gottesdienstes nichts störte. Der Domherr gab

sich meist viel Mühe beim Auswählen eines Baumeisters. Dieser war meist von

bescheidener Herkunft, hatte sich aber beim Reisen durch die Länder Europas

Erfahrungen und Kenntnisse im Zeichnen und Entwerfen von Bauplänen angeeignet.

Meist kam er mit seinen eigenen Maurern angereist, die er zum genauen Anpassen

der Steine benötigte.

Korrekturspalte

_____   _____

_____   _____

_____   _____

_____   _____

_____   _____

_____   _____

5 Vergleiche mit dem Lösungsteil und berichtige Fehler in der Korrekturspalte.

Verben werden zu Nomen – Gebote und Verbote

6 Ein Steinhauer im Steinbruch erhält Anweisungen. Setze die Verben in der nominalisierten Form in den Text ein und wähle die passende Präposition mit verschmolzenem Artikel (_beim, im, zum/zur_).

schneller arbeiten

sorgfältig kennzeichnen

unablässig faulenzen

behauen

genau überprüfen

vermeiden

ruhen

rasten

topfit Deutsch – Rechtschreiben 2 © 2006 Oldenbourg Schulbuchverlag

Im Steinbruch

Ich habe dich nicht _zum unablässigen Faulenzen_ (*unablässig faulenzen*) eingestellt, sondern

erwarte von dir, dass du _____ (*arbeiten*) Schnelligkeit und Fleiß an den Tag legst.

Achte _____ (*behauen*) der Steine auf Genauigkeit. Ich hoffe, du hast Übung

_____ (*vermeiden*) von Unebenheiten und _____

_____ (*sorgfältigen kennzeichnen*) der Steine. Bevor die Steine den Stein-

bruch verlassen, müssen sie mir noch einmal _____ (*genau*

überprüfen) vorgelegt werden. Außerdem bitte ich dich, _____ (*rasten*

und ruhen) die Pausenzeit nicht zu überschreiten.

Klein oder groß? – Auf der Dombaustelle

7 Setze die Verben in der richtigen Groß- und Kleinschreibung ein und unterstreiche
die Signalwörter für eine Nominalisierung.

Holzfäller _schlagen_ (*schlagen*) hohe Bäume, die <u>zum</u> _Fertigen_ (*fertigen*) der langen Balken für den

Dachstuhl gebraucht werden. Meist _____ (*verwenden*) sie Eichenstämme, die sie zum

_____ (*lagern*) ins Wasser bringen, damit sie widerstandsfähiger werden. Andere

_____ (*bauen*) Leitern, Gerüste und Geräte zum _____ (*heben*) der

Steine. Steinmetze _____ (*bearbeiten*) diese mit Spitzhacken und Meißeln. Das

_____ (*fertigen*) der Werkzeuge geschieht an Ort und Stelle durch die Schmiede. Ein großer

Teil der Kosten muss schon für das _____ (*transportieren*) der Materialien aufgebracht werden.

Auf der Baustelle herrscht reges _____ (*treiben*). Tagelöhner _____

(*bringen*) die behauenen Steine in Steigen, die dem _____ (*tragen*) auf dem Rücken dienen.

Die Maurer beweisen ihre Kunst im _____ (*messen*) und _____ (*ein-*

passen) der Steine und _____ (*prüfen*) mit dem Senkblei, ob die Mauer senkrecht ist. Gleich-

zeitig _____ (*bereiten*) die Mörtelmischer den Mörtel zum _____ (*verbin-*

den) der Steine vor. Später bringen die Glasmacher Flusssand und Holzasche zum _____

(*schmelzen*) und _____ (*fügen*) schließlich Farbstoffe hinzu.

Nominalisierte Adjektive und ihre Signalwörter

8 Unterstreiche in folgendem Text alle nominalisierten Adjektive bzw. Partizipien mit
ihren Signalwörtern – falls vorhanden – und schreibe sie heraus.

Für viele Dombesucher sind wohl die herrlichen Kirchenfenster das Beeindruckendste. Die Glaser des Mittelalters

haben hier Erstaunliches geleistet. Sich vorzustellen, wie die Fenster aus vielerlei bunten Glasstücken zusammengefügt wurden, ist für die Menschen heute etwas Unglaubliches. Ein Glasmaler trug vorher mehrere Schichten einer grauen Farbe auf das Glas auf, um den Gesichtern und Gewändern den Eindruck des Perspektivischen zu verleihen. Wenn das Sonnenlicht nun durch die Scheiben dringt, zeigt sich am Kirchenboden allerlei Leuchtendes und viel Funkelndes in bunten Farben.

Indefinitpronomen als Signalwörter – Das Domgespenst geht um

9 Suche jeweils Kombinationen aus beiden Gespenstern, die in den Text passen. Manchmal sind mehrere Lösungen möglich. Achte auf die Großschreibung der Adjektive, die nun zu Nomen geworden sind.

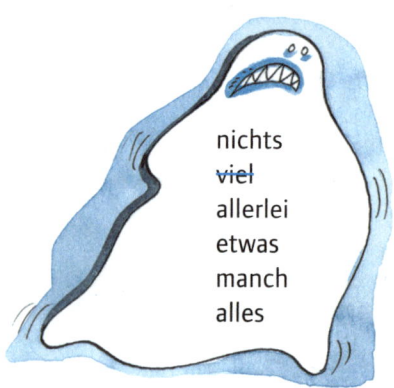

nichts
~~viel~~
allerlei
etwas
manch
alles

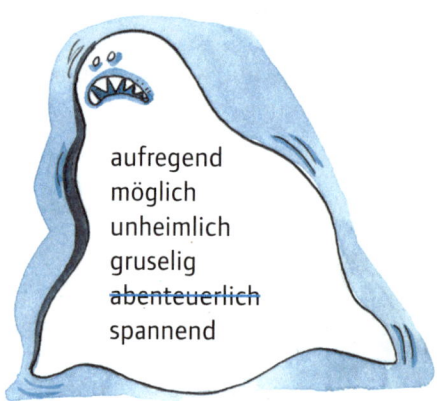

aufregend
möglich
unheimlich
gruselig
~~abenteuerlich~~
spannend

Auf dem Dachboden des Doms gibt es <u>viel Abenteuerliches</u> zu entdecken, und auch in der Gruft kann man _____ erleben. Nachts passiert _____

und man kann immer _____ erleben.

Wer _____ erleben möchte, sollte den Dom besser meiden und

_____ tun, um ihm nicht näher zu kommen.

Mal klein, mal groß – vor dem Domfest

10 Setze die Adjektive bzw. nominalisierten Adjektive in der richtigen Groß- und Klein-schreibung ein.

| Tipp | Achte darauf, ob das Adjektiv z.B. hinter einem Artikel steht und ob kein Nomen folgt, dann wird es großgeschrieben.

a) SEHENSWERT: Schon vor dem Fest zur Einweihung des Domes wird _____

aufgeführt.

Es werden _____ Aufführungen geboten.

b) SCHÖNSTE: Der Dom ist natürlich die ⌊＿＿＿＿＿＿＿＿＿＿＿ Attraktion des Festes.

                          Das ⌊＿＿＿＿＿＿＿＿＿＿ des Festes ist sein Anblick.

c) GROSSARTIG: Heute wollen sie ⌊＿＿＿＿＿＿＿＿＿＿＿ sehen.

                          Sie wollen ⌊＿＿＿＿＿＿＿＿＿＿ Dinge sehen.

d) SPEKTAKULÄR: Sie erwarten manch ⌊＿＿＿＿＿＿＿＿＿＿＿ Aufführung.

                          Sie erwarten mancherlei ⌊＿＿＿＿＿＿＿＿＿＿ .

11 Vergleiche mit dem Lösungsteil und berichtige Fehler auf den Korrekturzeilen.

⌊＿＿

⌊＿＿

Klein oder groß? – Eindrücke vom Domfest

12 Setze in die Gesprächsfetzen, die man inmitten von Besuchern des Domfestes
aufschnappen kann, folgende Adjektive bzw. nominalisierte Adjektive ein und
unterstreiche die jeweiligen Signalwörter für die Nominalisierung. (Manchmal sind
mehrere Lösungen möglich.)

~~Ausgelassenes~~	Außergewöhnliches	Beeindruckendste	Besonderes	Beste	gut

Interessantes	Spannendes	~~strenge~~	wundervollste	zufrieden

… selbst der _strenge_ Bischof hat heute <u>etwas</u> _Ausgelassenes_ an sich …

… ich habe ja schon viel ⌊＿＿＿＿＿＿＿＿＿ gesehen, aber das hier …

… viel ⌊＿＿＿＿＿＿ passiert …

… der Baumeister wirkt schon sehr ⌊＿＿＿＿＿＿ …

… was lange währt, wird endlich ⌊＿＿＿ …

… das ⌊＿＿＿＿＿＿＿＿ sind die herrlichen Wandmalereien …

… das ⌊＿＿＿＿＿＿ , was ich je gesehen habe …

… das ⌊＿＿＿＿＿＿ Bauwerk im ganzen Land …

… der Auftakt des Fests war ja nichts ⌊＿＿＿＿＿＿＿ , doch die

Aufführungen der Gaukler boten viel ⌊＿＿＿＿＿＿＿ …

Adjektiv oder nominalisiertes Adjektiv? – Gedanken des Baumeisters

13 Setze die Adjektive bzw. nominalisierten Adjektive in der richtigen Groß- und Kleinschreibung ein. Achte auf die Signalwörter bzw. prüfe, ob man ein Signalwort (z.B.:
etwas) davorsetzen kann.

Der Baumeister macht sich vor der Weihe des Doms Gedanken:

Heute wird _Bedeutsames_ (BEDEUTSAMES) passieren. Das

_____ (WICHTIGSTE) Bauwerk meiner Karriere wird mein

Leben verändern. Das _____ (WICHTIGSTE) ist aber, dass

mein Bau Gott zur Ehre gereicht.

Hoffentlich lässt die Sonne die _____ (BUNTEN) Fenster

erstrahlen, denn dieser Eindruck ist immer etwas _____

(EINMALIGES). Ob die Gäste wohl das _____ (EINZIG-

ARTIGE) meiner Baukunst zu würdigen wissen? Ach, ich sollte vielleicht etwas

_____ (BESCHEIDENER) sein, schließlich haben meine

Handwerker mindestens genauso _____ (WERTVOLLE)

Dienste geleistet.

Nominalisierte Verben und Adjektive – der Ablauf der Domweihe

14 Unterstreiche in dem Text alle nominalisierten Verben mit ihren Signalwörtern blau
und alle nominalisierten Adjektive rot.
15 Schreibe ihn dann in der richtigen Groß- und Kleinschreibung ab.

Fehlertext

Das erste mal konnten alle den prächtigen bau von innen bewundern, die hohen decken, die bunten fenster, die

wunderbaren wandmalereien. Alles begann mit einem gottesdienst. Der bischof predigte allerlei lehrreiches und

ermahnte die menschen zum guten. Schließlich pries er die mühen der arbeiter, die einen wunderbaren raum zum

anbeten und lobpreisen gottes geschaffen hatten.

Dann begann das feiern mit vielen attraktionen. Die festbesucher hatten bisher wenig vergleichbares erlebt. Man

konnte artisten beim tanzen auf dem hochseil zusehen und gaukler beim vorführen ihrer kunststücke betrachten.

Eine wahrsagerin bot ihre künste im voraussagen der zukunft an und prophezeite mancherlei interessantes. Die

armen konnten sich durch betteln den magen stillen und die geladenen gäste bekamen viel leckeres auf die teller

geladen.

_____

_____

_____

_____

_____

_____

_____

_____

_____

_____

_____

_____

_____

_____

_____

16 Vergleiche mit dem Lösungsteil und berichtige Fehler auf den Korrekturzeilen.

_____

_____

_____

_____

Signalwort und Adjektiv/Partizip in festen Verbindungen

Der Artikel als Signalwort in festen Verbindungen mit Adjektiv/Partizip – im Folgenden

→ Adjektive und Partizipien sowie unbestimmte Zahlwörter in festen Verbindungen werden großgeschrieben, wenn vor ihnen ein Artikel steht oder ein Artikel in eine Präposition mit einbezogen ist, z.B.: *das Folgende, im Klaren sein, im Folgenden.*

1 Unterstreiche in folgendem Text diese Verbindungen von Artikel bzw. verschmolzenem Artikel und Adjektiv, Partizip oder unbestimmten Zahlwort und schreibe sie heraus.

Bei der Einweihung des Domes bedankt sich der Bischof des Langen und Breiten bei den Arbeitern und im Wesentlichen bei seinem Baumeister. Jeder sei sich darüber im Klaren, dass die Männer jeden Tag aufs Neue großartige Arbeit geleistet und somit zum Besten des ganzen Kirchenvolkes gehandelt hätten. Der Dom sei ein Meisterwerk und jede Kleinigkeit sei bis ins Kleinste sorgfältig geplant und ausgeführt worden.

Korrekturspalte

2 Vergleiche mit dem Lösungsteil und berichtige Fehler in der Korrekturspalte.
3 Schreibe diesen Text als Partner- oder Laufdiktat auf einem Extrablatt.

Immer auf dem Laufenden sein – Sätze bilden

4 Bilde aus folgenden Satzbruchstücken sinnvolle Sätze.

a) auf dem Laufenden, guter Journalist, über das Weltgeschehen

Von einem guten Journalisten wird erwartet, dass er über das Weltgeschehen immer auf dem Laufenden ist.

b) des Langen und Breiten, Schulklasse, Ziel der Klassenfahrt

c) im Klaren, Raucher, Gefahren von Nikotin

d) zum Besten geben, Komiker, Witze

e) im Allgemeinen, Schüler, Ferien

Klein oder groß? – im Wesentlichen, ein wesentlicher Unterschied

5 Schreibe folgende Sätze richtig ab.

6 Vergleiche mit dem Lösungsteil und berichtige Fehler auf den Korrekturzeilen.

a) IM ÜBRIGEN HABE ICH NICHTS FÜR DEINE SPÄSSCHEN ÜBRIG.

Im Übrigen habe ich

Korrektur:

b) ICH BIN MIR DARÜBER IM KLAREN, DASS NICHT ALLE DIE LAGE RICHTIG EINSCHÄTZEN.

Korrektur:

c) IMMER WIEDER AUFS NEUE HABE ICH NEUE VERSUCHE GESTARTET.

Korrektur:

d) IM GROSSEN UND GANZEN HABE ICH GANZ GROSSEN ERFOLG GEHABT.

Korrektur:

e) DIE GERINGE BETEILIGUNG STÖRT MICH NICHT IM GERINGSTEN.

Korrektur:

Die Anredepronomen

Die Höflichkeitsanrede – der Brief des Baumeisters

→ In der höflichen Anrede wird das Personalpronomen *Sie* verwendet und groß-geschrieben. Ebenso werden alle davon abgeleiteten Formen (*Ihr, Ihnen, …*) groß-geschrieben.

1 Unterstreiche in diesem Brief des Baumeisters alle Anredepronomen und schreibe ihn dann ab. Achte dabei auf die Großschreibung der Anredepronomen (*Sie, Ihre, Ihnen, …*).

Fehlertext

MEINE GELIEBTE ELISABETH,

NUN BIN ICH SCHON SO LANGE VON IHNEN GETRENNT! ICH BEWUNDERE IHRE

GEDULD MIT MEINEM BERUF, DER MICH SO LANGE IHRE NÄHE ENTBEHREN

LÄSST.

DIE ARBEIT AUF DER BAUSTELLE GEHT GUT VORAN UND ICH HABE TÜCHTIGE

ARBEITER, ICH BEWUNDERE IHREN FLEISS UND IHRE AUSDAUER. ERST GESTERN

SASS ICH ABENDS MIT DEN MÄNNERN ZUSAMMEN UND ERZÄHLTE IHNEN VON

IHRER SCHÖNHEIT UND IHREM EDELMUT.

ICH VERMISSE SIE SEHR. PASSEN SIE GUT AUF SICH AUF.

FÜR IMMER IHR ERGEBENER

BERNHARD

2 Vergleiche mit dem Lösungsteil und berichtige Fehler auf den Korrekturzeilen.

topfit Deutsch – Rechtschreiben 2 © 2006 Oldenbourg Schulbuchverlag

Die persönliche Anrede

→ Die persönliche Anrede *du, dein, ihr, euch, …* wird kleingeschrieben. In Briefen und anderen schriftlichen Mitteilungen kann man sie jedoch auch großschreiben. In diesem Fall wird Großschreibung empfohlen.

3 Heutzutage würde Bernhard seine Elisabeth duzen. Schreibe Bernhards Brief so, dass er Elisabeth mit „Du" anspricht.

Meine geliebte Elisabeth,

nun bin ich schon so lange von Dir getrennt!

4 Vergleiche mit dem Lösungsteil und berichtige Fehler auf den Korrekturzeilen.

Großschreibung von Eigennamen

→ Ist ein Adjektiv Bestandteil eines Eigennamens, so schreibt man es groß, z.B.: Personennamen (*Ludwig der Fromme*), Namen von Staaten (die *Tschechische Republik*), Namen von Einrichtungen und Veranstaltungen (der *Hessische Rundfunk*), geografische Namen (der *Nahe Osten*), biologische Namen (die *Gemeine Stubenfliege*), geschichtliche Ereignisse (der *Westfälische Friede*) oder besondere Kalendertage (der *Heilige Abend*).

Großschreibung

Adjektive als Bestandteil eines Eigennamens – ein neues Buch und das Neue Testament

1 Entscheide jeweils, ob in folgenden Sätzen das Adjektiv kleingeschrieben wird oder Teil eines Eigennamens ist und deshalb großgeschrieben wird.

a) Die _____ (DEUTSCHE) Bahn ist verantwortlich für die

 Instandhaltung aller Bahnlinien.

b) Hobbygärtner kennen das _____ (FLEISSIGE) Lieschen,

 eine heimische Pflanze.

c) Am _____ (WEISSEN) Sonntag tragen die Kommunion-

 kinder ein _____ (WEISSES) Kleid.

d) Den _____ (ROTEN) Platz in Moskau besuchte ich

 besonders gern.

e) Während des _____ (ZWEITEN) Weltkriegs gebar sie ihr

 _____ (ZWEITES) Kind.

f) Der _____ (GROSSE) Wagen ist ein Sternbild,

 das jedes Kind kennt.

g) In der _____ (FREIEN) Hansestadt Bremen gibt es

 die Bremer Stadtmusikanten nur noch als Denkmal.

2 Vergleiche mit dem Lösungsteil und berichtige Fehler auf den Korrekturzeilen.

_____

_____

Eigenname oder nicht? – Katharina die Große oder die große Katharina?

3 Kombiniere Adjektiv und Nomen in der richtigen Groß- und Kleinschreibung.

a) groß + Katharina: *Katharina die Große* _____ war eine berühmte russische Zarin.

b) bayerisch + Wald: Der _____ ist ein beliebtes Urlaubsziel.

c) rot + Kreuz: Das _____ ist eine internationale Organisation.

 Zur Kennzeichnung von Fehlern malte der Lehrer ein _____ an den Rand.

d) groß + Karl: _____ wurde 800 n. Chr. zum Kaiser gekrönt.

e) weiß + Haus: Herr Busch wohnt in einem _____ .

f) schwarz + Witwe: Die _____ ist eine Spinnenart.

4 Vergleiche mit dem Lösungsteil und berichtige Fehler auf den Korrekturzeilen.

Mal groß, mal klein – das Brandenburger Tor und die brandenburgischen Museen

→ Ableitungen von geografischen Namen auf -er (Orts- und Ländernamen) werden großgeschrieben, z.B.: *der Pariser Eiffelturm*. Wird eine andere Endung (z.B. *-isch*) angehängt, wird das Adjektiv kleingeschrieben, z.B.: *die pariserische Lebensart*.

5 Schreibe die Wörter in Klammern richtig in den Text.

Ein weitgereister Tourist erzählt

Auf meinen Reisen habe ich schon allerhand landesübliche Spezialitäten kennengelernt:

_____ (SCHWEIZER) Käse, _____ (BELGISCHE) Pralinen oder

_____ (KÖNIGSBERGER) Klopse. Seit ich die _____

(MAILÄNDER) Boutiquen besucht habe, trage ich nur noch _____

(MAILÄNDISCHE) Mode, wobei aber auch die _____ (NEW YORKER) Designer nicht zu

verachten sind. Mit dieser Mode macht man bei den _____ (SALZBURGER)

Festspielen oder in den feinen _____ (FRANZÖSISCHEN) Restaurants immer

eine gute Figur.

6 Vergleiche mit dem Lösungsteil und berichtige Fehler auf den Korrekturzeilen.

Was gehört wohin? – Spezialitätenpuzzle

7 Kombiniere folgende Städte und Länder mit ihren jeweiligen Spezialitäten oder
Sehenswürdigkeiten. Entscheide dich bei den Orts- und Ländernamen entweder für
die Ableitung auf *-er* oder für die Ableitung mit *-isch*.

Bremen	Fjorde
Frankreich	Geschnetzeltes
Griechenland	Inseln
Kiel	Nockerl
München	Oktoberfest
Salzburg	Rotwein
Norwegen	Schinken
Tirol	Stadtmusikanten
Zürich	Woche

Adjektive mit Rückbezug auf ein Nomen

Ein Adjektiv sucht sein Nomen – die mittelalterlichen Ritterturniere und die heutigen

→ Ein Adjektiv wird kleingeschrieben, wenn es sich auf ein vorangehendes oder nachfolgendes Nomen bezieht, z. B.: *die mittelalterlichen Ritterturniere und die heutigen (Ritterturniere).*

1 Unterstreiche in diesen Sätzen das Nomen, auf das sich das fett gedruckte Adjektiv bezieht, und zeichne einen Pfeil vom Adjektiv zum Nomen. Arbeite zunächst mit Bleistift. Nach dem Vergleich der Lösungen kannst du mit Farbstift korrigieren.

a) Sieger des Turniers wurde der wagemutigste Ritter und der **zielsicherste.**

b) Der Ritter hatte gewonnen, sobald er den **gegnerischen** aus dem Sattel gestoßen hatte.

c) Das Lanzenstechen war die gefährlichste Disziplin des Turniers, aber auch die **beliebteste**.

d) Zwei Ritter versuchten, sich mit einer spitzen Lanze aus dem Sattel zu stechen, später verwendete man allerdings eine **stumpfe**.

e) Nur die kräftigsten Pferde, die einen Ritter mit schwerer Rüstung tragen konnten, durften Turnierrösser werden. Sie waren aber auch die **teuersten**.

2 Verfahre wie in Aufgabe 1.

a) Der „Buhurt", ein Massenturnier, bei dem eine große Anzahl Ritter aufeinander losstürmten, war zunächst die am weitesten verbreitete Turnierform, wurde jedoch immer mehr vom Zweikampf verdrängt und war schließlich gar die **seltenste**.

b) Die bedeutendsten Ritter maßen sich im „Tjost", also im Zweikampf, manchmal taten dies auch die nicht so **bedeutenden**.

c) Die erfolgreichen Turnierkämpfer wurden von einer Dame mit einem Siegerkranz bedacht, die **unterlegenen** wurden allerdings nicht mehr beachtet.

d) Hatte sich ein Knappe im Kampf bewährt, wurde er zum Ritter geschlagen, dies geschah aber nicht mit den **erfolglosen**.

e) Vielerorts werden heutzutage diese Ritterturniere nachgestellt, meist nicht aus historischen Beweggründen, sondern eher aus **finanziellen**.

Adjektive vor und hinter dem Nomen – der siegreiche Ritter und der verletzte

3 Ergänze in dem folgenden Text die Adjektive. Ziehe dann einen Pfeil vom Adjektiv zu dem Nomen, auf das es sich bezieht. Arbeite zunächst mit Bleistift. Nach dem Vergleich der Lösungen kannst du mit Farbstift korrigieren.

| verletzte | glücklichen | tote | geringes | hochgeklappte | gegnerische |

Leider hatten die mittelalterlichen Turniere nicht für alle Teilnehmer einen _____ Ausgang,

für nicht wenige sogar einen tödlichen. Trotz der strengen Regeln mussten regelmäßig _____

Ritter vom Platz getragen werden, im schlimmsten Fall sogar _____ . Das Turnierpferd stand unter

einem besonderen Schutz, denn der Ritter durfte das _____ Pferd nicht verletzen. Zudem

durfte man nicht auf das Visier des Gegners zielen, schon gar nicht auf das _____ .

Ein Hitzschlag war ein weiteres Risiko für die Ritter, und ein nicht gerade _____ , denn im

Innern der Rüstung wurde es sehr heiß, da nur die Helme kleine Schlitze aufwiesen.

Sätze bilden – Turnierkämpfer und schaurige Geschichten

4 Bilde aus den folgenden Adjektiven und Nomen einen Satz, in dem ein Adjektiv mit Rückbezug vorkommt. Ziehe einen Pfeil vom Adjektiv zu dem Nomen, auf das es sich bezieht.

5 Vergleiche mit deiner Partnerin und deinem Partner und berichtige Fehler auf den Korrekturzeilen.

a) linkes und rechtes Ohr

Könntest du mir dein linkes Ohr leihen und vielleicht auch noch dein rechtes?

b) die mutigsten und stärksten Turnierkämpfer

_____

_____

Korrektur: _____

c) dunkle und helle Farben

_____

_____

Korrektur: _____

d) laute und leise Klänge

_____

_____

Korrektur: _____

e) die lustigste und zugleich schaurigste Geschichte

_____

_____

Korrektur: _____

f) schnelle und langsame Pferde

_____

_____

Korrektur: _____

Nominalisierte Adjektive und Adjektive mit Rückbezug – Ritter Kunibert auf den Mund geschaut

6 Füge die Adjektive in der richtigen Form und Groß- und Kleinschreibung in Kuniberts Überlegungen ein. Dort, wo du ein Nomen ergänzen kannst, handelt es sich um ein Adjektiv mit Rückbezug, wo kein Nomen ergänzt werden kann, liegt ein nominalisiertes Adjektiv vor.

a) golden: Soll ich die silbernen Schuhe anziehen oder lieber die _goldenen_

(_Schuhe_)?

Auch von meinem Brustschild sollte etwas _Goldenes_

(_____) glänzen.

b) träge (Superlativ): Harald, von allen Knappen bist du der _____

(_____)!

Du bist wirklich das _____ (_____), was mir jemals

untergekommen ist!

c) lieb: Florentine ist wirklich eine reizende Dame und so eine _____

(_____)! Morgen muss ich ihr unbedingt alles _____

(_____) zum Geburtstag wünschen.

d) witzig: Bei Festen lasse ich mir immer viel _____ (_____)

einfallen. Meine gruseligen Geschichten begeistern alle Damen, dabei haben sie doch die

_____ (_____) noch gar nicht gehört.

e) langweilig: Alle interessanten Gäste scharen sich um mich, leider aber auch die

_____ (_____). Meine Geschichten enthalten jedoch

wenig _____ (_____).

f) gut (Superlativ): Meine längste Geschichte ist auch meine _____

(_____).

Es wäre wirklich das _____ (_____), wenn Florentine

ihr auch einmal lauschen würde.

g) passend: Ob diese Rüstung wohl das _____ (_____)

für einen Kampf ist? Ob diese Rüstung wohl die _____

(_____) für einen Kampf ist?

Adjektive mal groß, mal klein – Ablauf eines Turniers

7 Schreibe den folgenden Text richtig ab.

> **Tipp** Wenn du dir bei der Groß- und Kleinschreibung der Adjektive unsicher bist, suche nach dem Bezugswort für das Adjektiv oder prüfe, ob du ein Nomen ergänzen kannst. In beiden Fällen schreibst du das Adjektiv klein.

Fehlertext

Vor Turnierbeginn überprüfte der Turnierrichter alle ANWESENDEN Ritter, denn nur die bereits ANGEMELDETEN wurden zugelassen. Das WICHTIGSTE war, dass die HÖLZERNEN Lanzen vorne keine EISERNEN Spitzen hatten, auch keine BRONZENEN. Die BEGEISTERTEN Zuschauer nahmen am Turniergeschehen LEIDENSCHAFTLICHEN Anteil. Doch trotz der GLÄNZENDEN Fassade passierte oft TRAURIGES. Denn jede Lanze, selbst eine STUMPFE, konnte den Gegner verletzen oder gar töten. Dennoch war das Turnier für alle Ritter – doch vor allem für die JÜNGEREN – eine Bühne, auf der sie ihr BESTES zeigen konnten. Die Kirche verurteilte zwar die Turniere als etwas GOTTLOSES, konnte jedoch die ERBITTERTEN Kämpfe nicht verhindern.

_____

_____

_____

_____

_____

_____

_____

_____

_____

8 Vergleiche mit dem Lösungsteil und berichtige Fehler auf den Korrekturzeilen.

_____

_____

_____

9 Schreibe auch den folgenden Text richtig ab.

Fehlertext

Nach einem Turnier wurden JÜNGERE Knappen und auch schon etwas ÄLTERE zu
Rittern geschlagen. Dies war das bedeutendste Ereignis im Leben eines Ritters.
Der Ritterschlag erfolgte durch den ZUKÜNFTIGEN Lehnsherrn, z. B. den König.
Der ZUKÜNFTIGE Ritter trat vor einen Altar, der BUNT geschmückt war, und kniete
nieder. Der Knappe hörte dann die Worte eines Priesters, der die Pflichten eines
Ritters aufzählte, die ANGENEHMEN und die UNANGENEHMEN. Danach sprach
der Knappe sein Gelübde. Er versprach, dem Lehnsherrn und der Kirche zu dienen,
in GUTEN Zeiten und in SCHLECHTEN. Dann trat der Lehnsherr vor und schlug den
Knappen mit drei Schlägen, ganz LEICHTEN, zum Ritter. Alle GELADENEN Gäste
jubelten lange und ausdauernd. Anschließend lud der frischgebackene Ritter zu
einem Fest ein, das LANG und FRÖHLICH war.

_____

_____

_____

_____

_____

_____

_____

_____

_____

_____

_____

_____

_____

_____

10 Vergleiche mit dem Lösungsteil und berichtige Fehler auf den Korrekturzeilen.

_____

_____

_____

Indefinitpronomen und unbestimmte Zahladjektive

→ Indefinitpronomen und unbestimmte Zahladjektive werden (in der Regel) kleingeschrieben, selbst wenn sie mit einem Artikel verbunden sind.

Sämtliche, einige, wenige – Ritter Haudegens Bilanz

1 Ritter Haudegen wird nicht gern konkret in seinen Aussagen. Unterstreiche in dem
Text alle Indefinitpronomen bzw. unbestimmten Zahladjektive.

Tipp Arbeite zunächst mit Bleistift. Nach dem Vergleich der Lösungen kannst du
mit einem Farbstift korrigieren.

Gestern habe ich beim Turnier wieder alle besiegt. Die einen gaben gleich auf, als sie

alle meine Muskeln sahen, die anderen versuchten, mir noch etwas entgegenzuset-

zen, doch jeglicher Feind musste sämtliche Waffen vor meiner Kraft strecken. Nichts

und niemand hatte es leicht, leider gab es mehrere Verletzte. Einige behaupten,

davon wären die meisten vermeidbar gewesen.

Und eins kann ich euch noch sagen: Die vielen, dir mir zujubelten, beruhigten mich

ein wenig, denn mich plagte schon etwas mein schlechtes Gewissen. Ich gebe zu, ich

habe gegen einige Turnierregeln verstoßen.

2 Schreibe Ritter Haudegens Erzählung in richtiger Groß- und Kleinschreibung ab und
ersetze die Platzhalter durch passende Indefinitpronomen bzw. Zahladjektive.

viele	wenige	irgendein	andere	meisten	alles	jeder	jeglicher	sämtlicher

jemand	niemand	manch	mehrere	nichts	einige	etwas

GESTERN IST MIR ✳ EINMALIGES PASSIERT. ✳ GEGNER GABEN NOCH VOR DEM
KAMPF AUF, ✳ WOLLTE GEGEN MICH ANTRETEN! VERZWEIFELT VERSUCHTE ICH
NOCH, ✳ ZUM KAMPF ZU ÜBERREDEN, ABER VERGEBLICH. DA SAGE NOCH ✳,
ICH HÄTTE ES MIR ✳ ZU LEICHT GEMACHT.

3 Vergleiche mit dem Lösungsteil und berichtige Fehler auf den Korrekturzeilen.

4 Schreibe einen kleinen Text, in dem mindestens sieben Indefinitpronomen und unbestimmte Zahladjektive vorkommen.

Ritter Haudegen schüchtert gerne alle ein.

5 Vergleiche mit deiner Partnerin oder deinem Partner die Lösungen und berichtige Fehler auf den Korrekturzeilen.

Denominalisierung

→ Wenn Nomen in eine andere Wortart übertreten, werden sie kleingeschrieben. Die Nomen können zu Adverbien (*abends*), Präpositionen (*dank*), Konjunktionen (*falls*) oder Indefinitpronomen (*ein paar*) werden.

Nomen verlassen ihre Wortart – Aufgaben eines Burgherrn

1 Unterstreiche in folgendem Text alle Wörter, die aus der Wortart Nomen in eine andere Wortart übergetreten sind und deshalb kleingeschrieben werden.

Tipp Arbeite zunächst mit Bleistift. Nach dem Vergleich der Lösungen kannst du mit Farbstift korrigieren.

Der Burgherr hat die Pflicht, angesichts der Bedrohungen von außen die Sicherung der Burg zu gewährleisten und zeit seines Lebens für sein Gefolge zu sorgen. Zur Erfüllung seiner Aufgaben stehen ihm ein paar Beamte zur Seite: Kämmerer, Kanzler, Truchsess (für Küche und Tafel zuständig) und Mundschenk (für die Getränke verantwortlich). Wenn es ihm ernst ist mit der Erfüllung seiner Aufgaben, hat er wochentags nicht viel Zeit, teils hält er Gericht und schlichtet Streitigkeiten, teils verwaltet er ein oft sehr großes Gebiet. Oft muss er abends noch Gäste empfangen. Ungehorsamen Untertanen kann es angst werden, denn er kann sie kraft seines Amtes ins Verlies werfen lassen.

2 Schreibe diese Wörter heraus und leite jeweils das Nomen ab, aus dem sie entstanden sind.

angesichts: das Angesicht

3 Verwende mindestens sechs der Wörter aus Aufgabe 2 in eigenen Sätzen.

4 Vergleiche anschließend die Sätze mit deiner Nachbarin oder deinem Nachbarn. Berichtige Fehler auf den Korrekturzeilen.

Nomen werden Präpositionen oder Adverbien – der Burgherr als Wohltäter

5 Der Burgherr redet gerne etwas geschwollen daher, verwechselt dabei aber die Präpositionen und Adverbien. Unterstreiche zunächst die falsch gewählten Präpositionen und Adverbien und berichtige diese dann in der Korrekturspalte. Ergänze die zur Präposition/zum Adverb passende Wortgruppe.

Tipp Schreibe zunächst mit Bleistift. Nach dem Vergleich der Lösungen kannst du mit einem Farbstift korrigieren.

Fehlertext

Fehlertext	Korrekturspalte
Hiermit verkünde ich <u>trotz</u> meines Amtes, dass mangels meiner überaus	*kraft meines Amtes*
großen Güte wieder einem Menschen geholfen werden konnte.	
Ich habe dank meiner vielfältigen Aufgaben die Zeit gefunden, dem	
Mann zeit Steiner zu helfen, da er kraft finanzieller Mittel keine	
Möglichkeit hat, seine Familie zu ernähren.	
Dieser Urkunde namens wird ihm ein Stück Land verpachtet, das er	
zufolge seines Lebens für mich zu bewirtschaften hat.	

6 Notiere die zugrunde liegenden Nomen mit Artikel.

die Kraft,

_____

_____

Nomen, Präposition oder Adverb? – Die Verdienste des Burgherrn

7 Füge die Präpositionen und Adverbien aus Aufgabe 5 und die zugrunde liegenden Nomen in den Text ein.

Arbeit und Pflichterfüllung kenne ich _____ meines Lebens. Gott

sei _____ besteht auf der Burg kein _____ an

Vorräten, denn _____ großer Widrigkeiten konnte ich

_____ meines Fleißes und meiner _____ der

Burg und allen Bewohnern zu Wohlstand und Reichtum verhelfen. Somit kann ich

jetzt endlich die Früchte meiner Arbeit ernten, das wird die beste

_____ meines Lebens!

Mein guter _____ ist im ganzen Land bekannt und

_____ der großen Herausforderungen, die noch auf mich zukom-

men werden, bin ich gerüstet. Ich verfüge _____ meines Amtes

über eine stattliche Anzahl von Rittern, unter denen der furchtloseste Kämpfer des

Landes _____ Haudegen ist. Meine Burg wird die berühmteste des

Landes – allen Neidern zum _____ !

8 Vergleiche mit dem Lösungsteil und berichtige Fehler auf den Korrekturzeilen.

_____

_____

9 Diktiere den oben stehenden Text als Partnerdiktat oder schreibe ihn als Laufdiktat. Schreibe auf ein Extrablatt mit Korrekturspalte.

Auf der Suche nach der Wortart – Buchstabenrätsel

10 Finde die Wörter, die sowohl als Adjektiv als auch als Nomen verwendet werden können. Die Zahl bezeichnet jeweils die Stellung des Buchstabens im Alphabet.

A	N	G	S	T
1	14	7	19	20

_	_	_	_	_
2	1	14	7	5

_	_	_	_	_
5	18	14	19	20

_	_	_	_
7	18	1	13

_	_	_	_
12	5	9	4

_	_	_	_	_	_
16	12	5	9	20	5

_	_	_	_	_
18	5	3	8	20

_	_	_	_	_	_
19	3	8	21	12	4

_	_	_	_	_	_	_
21	14	18	5	3	8	20

Mal Nomen, mal Adjektiv – Ritter Semmelweichs Angstgegner

→ Nomen, die in Verbindung mit den Verben *sein, bleiben, werden* stehen, werden wie Adjektive behandelt und kleingeschrieben: *Es **war** mir **r**echt. Ich **werde** es **l**eid.*

Recht und *Unrecht* können in Verbindung mit den Verben *behalten, geben, haben, tun* und *bekommen* sowohl groß- als auch kleingeschrieben werden. Es empfiehlt sich, in diesen Fällen großzuschreiben.

11 Setze die Wörter aus Aufgabe 10 in der richtigen Groß- und Kleinschreibung in den Text ein. Schreibe Nomen, die in die Wortart Adjektiv übergetreten sind, grün, markiere das dazugehörige Verb (eine Form von *sein, bleiben, werden*) blau und schreibe Nomen rot.

Ritter Semmelweich klagt seiner Liebsten sein Leid _____ :

Mir wird heute noch _____ und _____ , wenn

ich an meine Begegnung mit Ritter Haudegen denke. Es war ihm vollkommen

_____ damit, mich dem Erdboden gleichzumachen. Er schrie mir

noch entgegen: „Ich bin es _____ , immer nur mit Schwächlingen

konfrontiert zu werden." Sicherlich wollte er mir schweres _____

antun. Wenn du ihn gesehen hättest, würdest du mir _____

geben. Zunächst sprach ich mir noch Mut zu: „Nur keine _____ ,

Ritter Semmelweich, sein arrogantes Auftreten wird ihm noch _____

tun." Doch dann wollte er allen _____ mit bloßen Händen auf

mich losgehen. Bitte sei mir nicht _____ , dass ich dann die Flucht

ergriffen habe. So eine _____ !

Schimpfe mich einen Feigling und ich muss dir sicherlich _____

geben, bestrafe mich mit scharfen Worten – mir soll es _____ sein.

Doch bitte strafe mich nicht mit deiner Verachtung, damit tätest du mir

_____ , denn schließlich habe ich das nur für uns getan. Ich habe

nur an unsere gemeinsame Zukunft gedacht und wollte dich nicht alleine zurücklas-

sen. Nur darin liegt meine _____ . Schließlich will ich ja mit dir

mein Leben in Freud und _____ teilen.

12 Vergleiche mit dem Lösungsteil und berichtige Fehler auf den Korrekturzeilen.

_____

_____

13 Diktiere den oben stehenden Text als Partnerdiktat oder schreibe ihn als Laufdiktat.
Schreibe auf ein Extrablatt mit Korrekturspalte.

Tageszeitbezeichnungen

→ Tageszeitbezeichnungen werden **kleingeschrieben**, wenn sie Adverbien sind, z. B.
morgens, morgen (= der folgende Tag). Du erkennst sie leicht entweder am -s am
Wortende oder mithilfe der Artikelprobe: Wenn du keinen Artikel vor die Tageszeit-
angabe setzen kannst, wird diese kleingeschrieben, z. B.:
*Wir fahren morgen nach Berlin. – *Wir fahren der morgen nach Berlin.* (Die Artikelprobe funktioniert hier nicht.)

→ Tageszeitbezeichnungen werden **großgeschrieben**, wenn sie Nomen sind, z. B.
der Morgen.
Auch nach den Adverbien *heute, gestern, morgen, vorgestern, übermorgen* werden
Tageszeitbezeichnungen großgeschrieben, z. B. *heute Abend*.

→ Zusammengesetzte Tageszeitbezeichnungen werden **zusammen-** und **großgeschrieben,** z. B.: *der Montagvormittag.*

Tageszeitbezeichnungen kleinschreiben – morgens, mittags, abends

1 Setze die folgenden Adverbien richtig in den Text ein.

| morgens | mittags | übermorgen | heute | abends | morgen | vorgestern | morgens |

Ein Knappe muss _____ sehr früh aufstehen, denn das Pferd muss

versorgt werden. Auch _____ ist für den Knappen Harald so ein

Tag, an dem er sich _____ , _____ und

_____ besonders gut um das Pferd kümmern muss. Kuniberts

Hengst Bento hatte sich nämlich beim Turnier leicht verletzt. Schon

_____ hatte Bento leicht gehumpelt. Kunibert ist sehr besorgt.

Er will, wenn es bis _____ nicht besser ist, einen

Heilkundigen zu Rate ziehen. Spätestens _____ müsste Harald

dann nach Mainz reiten, um den alten Hanjo zu holen. Harald hofft, dass es heute

Abend Bento schon besser gehen wird.

2 Vergleiche mit dem Lösungsteil und berichtige Fehler auf den Korrekturzeilen.

_____

_____

3 Verwende die Wörter aus Aufgabe 1 in mindestens vier eigenen Sätzen, möglichst
nicht am Satzanfang. Unterstreiche alle Tageszeitbezeichnungen.

_____

_____

_____

_____

4 Vergleiche deine Lösung mit deiner Partnerin oder deinem Partner und berichtige
Fehler auf den Korrekturzeilen.

_____

_____

Tageszeitbezeichnungen großschreiben – der Morgen, Dienstagnachmittag, heute Abend

5 Ordne in die folgende Tabelle die Tageszeitbezeichnungen aus dem Wortspeicher ein.

Tipp Arbeite zunächst mit Bleistift. Nach dem Vergleich der Lösungen kannst du mit Farbstift korrigieren.

heute   ~~der Montag~~   gestern   morgen   vorgestern   gestern Morgen   morgen Mittag   der Mittag

der Dienstag   der Dienstagabend   der Freitagnachmittag   übermorgen   heute Abend   der Abend

der Montagvormittag   morgen Vormittag

Adverb	Adverb + Nomen	Artikel + Nomen	Artikel + zusammengesetztes Nomen
heute		der Montag	

6 Ergänze in der Tabelle mindestens fünf eigene Beispiele. Arbeite zunächst mit Bleistift. Nach dem Vergleich der Lösungen kannst du mit Farbstift korrigieren.

Tageszeitbezeichnungen groß oder klein? – Knappe Harald berichtet

7 Schreibe den folgenden Bericht in der richtigen Groß- und Kleinschreibung auf.

Fehlertext

Harald berichtet Kunibert:
GESTERN VORMITTAG ist Hanjo gekommen. Er hat GESTERN MITTAG sich gleich Bentos Bein angesehen und einen Kräuterwickel gemacht. Bis MORGEN ABEND sollen wir den Kräuterwickel dreimal wechseln. Wenn es bis FREITAG NACHMITTAG nicht besser geworden ist, sollen wir Hanjo wieder rufen. Am SAMSTAG ABEND könnte er bei uns sein und bis MONTAG MORGEN bleiben.

8 Vergleiche deine Lösung mit dem Lösungsteil und berichtige Fehler auf den Korrekturzeilen.

9 Wenn du mehr als vier Fehler hast, lass dir den Text auf einem Extrablatt noch einmal diktieren.

Adverbien klein, Nomen groß – Ritter Kuniberts Nachtgedanken

10 Schreibe die Zeitangaben in dem Text in der richtigen Groß- und Kleinschreibung sowie Getrennt- und Zusammenschreibung ab.

Fehlertext

Ritter Kunibert hat die Angewohnheit, sich ABENDS vor dem Einschlafen noch einmal Gedanken über Erlebtes und Geplantes zu machen: „Was war das VORGESTERN nur für ein aufregender NACHMITTAG! Ich gebe ja immer SONNTAGS meine Geschichten zum Besten, doch dieser SONNTAG NACHMITTAG war schon etwas Besonderes! Dagegen war die Unterweisung meines Knappen GESTERN MORGEN weniger erfreulich, aber er ist ja MORGENS nie zu etwas zu gebrauchen. Wenigstens gibt es MORGEN MITTAG einen Lichtblick: das Fest auf Burg Sassenstein, das bis ÜBERMORGEN NACHT dauern wird!"

morgens, morgen, der Morgen – zwei Wochen in Ritter Kunos Leben

11 Studiere Ritter Kunos Terminkalender und vervollständige den Text. Verwende dabei kein Datum, sondern umschreibe mit *gestern Abend, Donnerstagnachmittag* etc.

Montag, 13. Juni	Dienstag, 14. Juni	Mittwoch, 15. Juni	Donnerstag, 16. Juni	Freitag, 17. Juni	Samstag, 18. Juni	Sonntag, 19. Juni
15.00 Uhr Unterweisung meines Pagen im Lanzenstechen	5.00 Uhr Wildschweinjagd Abrichtung meines Falken!	Schießen mit Pfeil und Bogen üben!	20.00 Uhr Würfelspiel mit Ritter David	12.00 Uhr Mittagessen mit dem Burgherrn	19.00 Uhr ❤ Treffen mit Florentine	Gottesdienst in der Burgkapelle
Montag, 20. Juni	**Dienstag, 21. Juni**	**Mittwoch, 22. Juni**	**Donnerstag, 23. Juni**	**Freitag, 24. Juni**	**Samstag, 25. Juni**	**Sonntag, 26. Juni**
10.00 – 12.00 Uhr Turnier auf Burg Sassenstein	Abrichtung meines Falken!	Schießen mit Pfeil und Bogen üben!	9.00 Uhr Unterweisung meines Pagen im Bogenschießen	12.00 Uhr Ballspiel im Burghof	14.00 – 16.00 Uhr Waffenpflege	Gottesdienst in der Burgkapelle

Heute ist der **18. Juni**. Aus dieser Perspektive sehen Kunos Termine folgendermaßen aus:

Der Burgherr lud mich **gestern Mittag** zum Mittagessen ein.
Das Ballspiel im Burghof wird **am nächsten Freitagmittag** stattfinden.
Ich muss immer **mittwochvormittags/mittwochs vormittags** das Schießen mit Pfeil und Bogen üben.

Das Turnier auf Burg Sassenstein wird ⌊＿＿＿＿＿＿＿＿＿＿＿＿＿＿＿＿＿ stattfinden.

Ich darf mich ⌊＿＿＿＿＿＿＿＿＿＿＿＿＿ mit Florentine treffen.

Die Unterweisung meines Pagen im Lanzenstechen fand ⌊＿＿＿＿＿＿＿＿＿＿＿＿＿ statt,

die Unterweisung im Bogenschießen wird ⌊＿＿＿＿＿＿＿＿＿＿＿ stattfinden.

Mit David vertrieb ich mir ⌊＿＿＿＿＿＿＿＿＿ mit Würfelspielen die Zeit.

Den Gottesdienst in der Burgkapelle besuche ich immer ⌊＿＿＿＿＿＿＿＿＿＿＿＿＿＿＿＿.

Bei der Wildschweinjagd ⌊＿＿＿＿＿＿＿＿＿＿＿＿ war ich sehr erfolgreich.

Der Waffenpflege werde ich mich ⌊＿＿＿＿＿＿＿＿＿＿ widmen müssen.

Die Abrichtung meines Falken erfolgt immer ⌊＿＿＿＿＿＿＿＿＿＿＿＿＿＿＿.

heute, gestern, morgen – dein Terminkalender

12 Gestalte deinen eigenen Terminkalender und beschreibe mindestens sechs Termine
aus der Perspektive von **Freitag, dem 17. Juni**.

Montag, 13. Juni	Dienstag, 14. Juni	Mittwoch, 15. Juni	Donnerstag, 16. Juni	Freitag, 17. Juni	Samstag, 18. Juni	Sonntag, 19. Juni
8 – 13 Uhr: Schule						

Am Montagvormittag habe ich bis 13 Uhr Schule.

Regeln zur Groß- und Kleinschreibung im Überblick

1 Schreibe die folgenden Sätze richtig auf. Korrigiere deine Fehler mithilfe des Lösungsteils, indem du das fehlerhafte Wort durchstreichst und in der Korrekturzeile berichtigst. Ergänze anschließend die Regel.

a) Der Bischof zu seinem Dombaumeister:
Ich möchte einen DOM erbauen, der die KIRCHEN in Frankreich überstrahlt und mein ANSEHEN steigert.

Korrektur:

→ Regel Nr. 1: _____ und _____ sind

Signalwörter für Nomen bzw. für nominalisierte Adjektive und Verben.

b) Ritter Kunibert über Kuno:
Dieser Kuno hält sich für etwas BESONDERES, dabei ist er nur ein BESONDERER Aufschneider, der nur im ANGEBEN gut ist.

Korrektur:

→ Regel Nr. 2: Wenn Adjektive und Verben in die Wortart der Nomen übertreten,

werden sie _____ .

c) Knappe Harald zu Ritter Kunibert:
Soll ich IHNEN IHRE Rüstung polieren oder soll Hermine das übernehmen, da SIE für IHRE Geschicklichkeit berühmt ist und SIE sicher mit IHR zufrieden sein werden?

Korrektur:

→ Regel Nr. 3: Die höfliche Anrede wird _____ .

topfit Deutsch – Rechtschreiben 2 © 2006 Oldenbourg Schulbuchverlag

d) Kuno der WAGEMUTIGE kehrte im Gasthaus „GRÜNER Maulwurf" ein und gönnte sich eine SCHWARZWÄLDER Torte.

_____

_____

_____

Korrektur: _____

_____

→ Regel Nr. 4: Adjektive werden großgeschrieben, wenn sie Bestandteil eines

_____ sind. Orts- und Ländernamen auf _____

werden ebenfalls _____ .

e) Burgherrin zur Magd Hermine:
   Räume endlich die GEBÜGELTE Wäsche in den Schrank und wasche gleich die SCHMUTZIGE.

_____

_____

Korrektur: _____

→ Regel Nr. 5: Adjektive, vor denen ein Artikel steht, werden kleingeschrieben, wenn

sie sich auf ein Nomen _____ .

f) Ritter Haudegen brüstet sich:
   Ich kann ALLE und JEDEN besiegen, NICHTS und NIEMAND kann mir ETWAS anhaben und die MEISTEN haben das endlich eingesehen.

_____

_____

_____

Korrektur: _____

_____

→ Regel Nr. 6: Indefinitpronomen und unbestimmte Zahladjektive werden _____ .

g) Ritter Kunibert spricht wieder einmal über sein Lieblingsthema, sich selbst:
   Meine Geschichten sind DANK meiner Fantasie und KRAFT meiner Stimme einfach die eindrucksvollsten. Ihr gebt mir sicherlich RECHT, was mir sehr RECHT wäre.

_____

_____

_____

Korrektur: _____

_____

→ Regel Nr. 7: Wenn Nomen in eine andere Wortart übertreten, schreibt man sie

_____ . In der Verbindung mit den Verben

_____ werden *angst und bange, ernst,*

leid, schuld, recht, unrecht wie Adjektive behandelt, also _____

_____ .

h) Magd Hermine zu Knappe Harald:
   Wir können uns MORGEN MITTAG treffen, ich bin zwar MITTAGS immer beschäftigt, aber am MONTAGMITTAG
   habe ich frei.

_____

_____

_____

Korrektur: _____

_____

→ Regel Nr. 8: Zeitangaben schreibt man _____, wenn sie Adverbien sind.

Man schreibt sie _____, wenn sie Nomen sind.

Partner- oder Laufdiktat – War Karl der Kahle wirklich kahl?

2 Lass dir den folgenden Text diktieren oder mache ein Laufdiktat, indem du den Text
so weit von deinem Platz weglegst, dass du ihn von dort nicht mehr lesen kannst.

War Karl der Kahle wirklich kahl? Fürstenbeinamen umgibt im Allgemeinen etwas
Abenteuerliches und manchmal Drolliges. Uns begegnen einige beim Zuhören im
Geschichtsunterricht oder beim Lesen von historischen Romanen: Karl der Kühne,
August der Starke, Otto der Faule … Geschichte erscheint plastischer dank dieser
Beinamen. Dabei gilt unser Interesse weniger den historischen Figuren, sondern
vielmehr ihrer Eigenart und ihrem Benehmen: War Albrecht dem Unartigen wirklich
nichts Fieses fremd? Im Übrigen sind von diesen Beinamen nicht wenige unberech-
tigt oder taugen nicht wirklich zum Charakterisieren der Person. So ist zum Beispiel
bekannt, dass Pippin der Kleine trotz seines geringen Wuchses eine ungeheure
Körperkraft besaß, mittels derer er seinen Feinden große Angst eingejagt haben soll.
Doch immerhin gibt es zu jedem Beinamen etwas Interessantes zu erzählen, eine
glaubhafte Geschichte oder eben eine unglaubwürdige.

Fremdwörter richtig schreiben

Fremdwörter über Fremdwörter – Zeitungsanzeigen

→ Fremdwörter sind Wörter, die aus anderen Sprachen ins Deutsche gelangt sind.

1 Unterstreiche in folgenden Zeitungsanzeigen alle Fremdwörter.

Arbeitsloser Musikant sucht dringend Arbeit, Flexibilität und Mobilität vorhanden!

Wollten Sie schon immer auf der Höhe der Zeit und umfassend informiert sein? Werden Sie Abonnent unserer Zeitung! Interessenten wenden sich bitte an die Redaktion.

Werden Sie in kurzer Zeit Ihre Geldsorgen los! Biete Nebenjob, interessant und rentabel, Führerschein und Telefonanschluss erforderlich.

Besuchen Sie die Aufführung des Stückes „Der ignorante Präsident", ein kulturelles Ereignis, amüsant und zugleich intellektuell anspruchsvoll!

-abel, -ant, -ell, -ent, -tät, -ion – typische Endungen von Fremdwörtern

2 Ordne nun alle Fremdwörter aus den Zeitungsanzeigen, die auf *-abel, -ant, -ell, -ent, -tät* und *-ion* enden, richtig zu.

-abel:

-ant:

-ell:

-ent:

-ion:

-tät:

Respekt, respektieren, respektabel – Fremdwörter ableiten

3 Leite aus folgenden Fremdwörtern Wörter aus der gleichen Wortfamilie ab, die auf *-abel, -ant, -ell, -ent* oder *-tät* enden. In Klammern ist angegeben, welche Wortart gesucht ist.

4 Schlage die Bedeutung in einem Fremdwörterbuch nach und schreibe sie dahinter.

-abel:

akzeptieren (→ Adjektiv): *akzeptabel = annehmbar*

Blamage (→ Adjektiv):

-ant:

demonstrieren (→ Substantiv/Nomen): _____

informieren (→ Substantiv/Nomen): _____

-ell:

Industrie (→ Adjektiv): _____

Sensation (→ Adjektiv): _____

-ent:

produzieren (→ Substantiv/Nomen): _____

konsumieren (→ Substantiv/Nomen): _____

-tät:

banal (→ Substantiv/Nomen): _____

autoritär (→ Substantiv/Nomen): _____

Typische Buchstaben und Silben – die Fremdwörterbaustelle

5 Ordne folgende Buchstabenfolgen der passenden Vor- oder Nachsilbe zu und schreibe das entstandene Fremdwort auf. Achte dabei auf die richtige Groß- und Kleinschreibung.

ADMIR AKT AKT AMEN DITOR FEKT FUNKT KOMPLIM KRET KURS KURS
LEKT LIBER LOK MONUM NAT PERGAM REGION SAKRAM TAKT TRADIT TREM

-ION

-AL

KON-

Admiral

-ENT

EX-

Buchstabe für Buchstabe – Fremdwörter in Umrissen

6 Setze nun die entstandenen Fremdwörter passend in folgende Buchstabenumrisse.

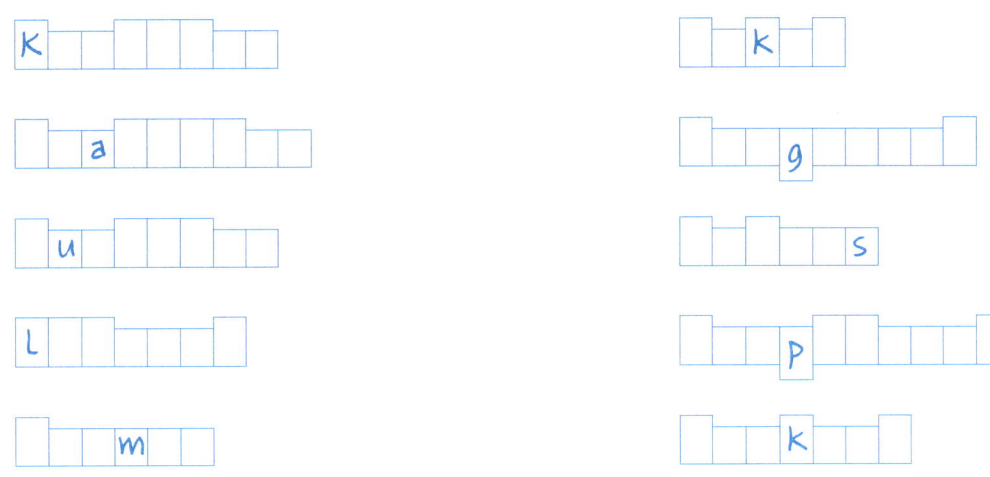

Verben auf -ieren – fahren oder lieber chauffieren?

7 Bilde zu den folgenden Nomen Verben auf *-ieren*.

Chauffeur	Demonstrant	Garant	Fantast	Gratulant	Illustrator	Informant	Korrektor
Kritiker	Monteur	Musiker	Operateur	Praktikant	Produzent	Restaurator	Student

chauffieren

_____   _____

_____   _____

_____   _____

_____   _____

_____   _____

_____   _____

8 Vergleiche deine Lösung mit dem Lösungsteil und berichtige Fehler auf den Korrekturzeilen.

_____

_____

_____

9 Bilde nun Sätze, die mindestens acht dieser Verben auf *-ieren* enthalten.

_____

_____

_____

_____

_____

_____

_____

_____

10 Vergleiche deine Lösung mit deiner Partnerin oder deinem Partner und berichtige
Fehler auf den Korrekturzeilen.

_____

_____

_____

_____

Typische Buchstabenverbindungen – ph, rh und th

11 Ergänze folgende Wörter mit den für Fremdwörter typischen Buchstabenverbindungen *ph, rh* oder *th* und trage sie in die Tabelle ein.

12 Schlage die Bedeutung in einem Fremdwörterbuch nach und ergänze sie.

katastro____al, Me____ode, ____euma, sympa____isch, ____inozeros, As____alt, Or____opäde,

____apsodie, Apo____eke, ____abarber, Atmos____äre, Ka____edrale, ____ermostat, Meta____er,

____y____mus, Al____abet, ____etorik

	Bedeutung
ph	_____
	_____
	_____
	_____
	_____

rh _____ | _____

_____ | _____

_____ | _____

_____ | _____

_____ | _____

_____ | _____

th _____ | _____

_____ | _____

_____ | _____

_____ | _____

_____ | _____

_____ | _____

13 Setze die passenden Wörter aus Aufgabe 11 in folgende Sätze ein.

a) Im Musikunterricht besprachen wir den _____ der Ungarischen

_____ von Liszt.

b) Die _____ während des Fußballspiels war angespannt.

c) Mit meiner Sportverletzung ging ich zum _____ , der mich mit

einem Rezept in die _____ schickte.

d) In der ersten Klasse lernen die Schüler das _____ .

e) Sie war mir sofort _____ , da sie mir _____ kuchen,

meine Lieblingsspeise, servierte.

f) Die berühmte _____ von Paris heißt „Notre-Dame".

14 Vergleiche deine Lösung mit dem Lösungsteil und berichtige Fehler auf den Korrekturzeilen.

_____

_____

_____

So viele Fremdwörter – ein irritierendes Dokument

15 Aus einem Protokoll der Vorstandssitzung eines Tourismuskonzerns: Merkwürdigerweise sind einige typische Silben und Buchstabenverbindungen für Fremdwörter verloren gegangen. Schreibe den Text richtig ab und setze dabei die richtigen Buchstaben aus dem Buchstabenspeicher ein.

AL	AL	ANT	ANZ	DIR	DIS	ENZ	EX	IEREN	IEREN

KON	KON	ENT	ENT	PRO	ION	ION

Die *ektorin des *zerns sichtete die für sie interess*en Dokum*e und begann eine *kussion über den *flikt mit der Konkurr*. Sie mahnte an, alle ration*en Argum*e der Gegenseite zu respekt*, sich auf keine *perimente einzulassen und nicht mit Arrog* zu reag*. Sie trat für eine neue Organisat* der Fili*en und für die Produkt* neuer *spekte ein.

16 Umrahme die typischen Fremdwort-Endungen für Nomen: *-ent, -ion, -enz, -anz.*

17 Vergleiche deine Lösung mit dem Lösungsteil und berichtige Fehler auf den Korrekturzeilen.

Fremdwörter ja – aber richtig! – Ritter Kunibert blamiert sich

1 Ritter Kunibert will mit seinen neu erworbenen Fremdwörtern angeben. Leider bringt
er aber dabei die Buchstaben durcheinander. Streiche die fehlerhaften Fremdwörter
an und berichtige sie in der Korrekturspalte.

Fehlertext

Ungern mache ich mir selbst <u>Klimpomente</u> oder grulatiere mir zu

meinen großartigen und amasünten Geschichten mit vielerlei isserane-

tinten Tehmen. Doch immerhin muss ich Sie darüber infiermoren, dass

mir auf meiner Tournee durch alle Burgen Europas immer rektespabler

Trimuph gewiss ist und die jeweilige lakole Primonenz von der Pefrek-

tion meines Vortrags begeistert ist.

Dabei gierantart mir mein sansetionelles Können, das ich vor illustrer

Gesellschaft diemenstroren darf, immer gute Kantokte zum Adel und

sogar zum Trohn. Natürlich beschert mir meine Tätigkeit auch metariel-

le Vorteile, doch mich treiben nicht faninzielle Beweggründe, sondern

vielmehr die Pflege der Tridation und des kutlurellen Lebens.

Ich muss keine Kenkorrunz fürchten, denn in meiner Branche hat

keiner eine raele Chance gegen die Routine, mit der ich meine Auf-

tritte priktaziere. Außerdem engiegare ich mich für den Turousmis, da

ich immer Souvenirs aus den einzelnen Riogenen erwerbe.

Komplimente

2 Schreibe nun den gesamten Text noch einmal richtig auf.

_____

_____

_____

_____

_____

_____

_____

_____

_____

_____

_____

_____

_____

_____

_____

_____

_____

_____

_____

_____

3 Vergleiche mit dem Lösungsteil und berichtige Fehler auf den Korrekturzeilen.

_____

_____

_____

_____

Wörter richtig trennen

→ Im Allgemeinen trennt man Wörter so, wie sie beim langsamen Sprechen in Silben zerlegt werden.
Ein einzelner Vokal wird jedoch nicht abgetrennt (z.B. *Esel*).
Einzelne Konsonanten kommen in die nächste Zeile (*Lie-be*), bei mehreren Konsonanten kommt der letzte in die nächste Zeile (*Lis-te*). Die Buchstabenverbindungen *ch, sch, ck* werden nicht getrennt.

Silben durch langsames Sprechen und Klatschen erkennen – Wortungetüme

1 Sprich dir folgende „Wortungetüme" langsam vor, mache nach jeder Silbe eine Sprechpause.

2 Sprich nun etwas schneller und klatsche dir die Silben vor. Markiere dann mit Längsstrichen die Silbengrenzen.

Dombaumeisterurkunde   Steinhauerspaltwerkzeuge

Hexengerichtsprozesse

Knappenausbildungsanleitung   Burgherrinnengemächer

Stadtentwicklungsmaßnahmen   Kathedralenglasfenstermosaik

3 Bilde nun selbst fünf solcher „Wortungetüme" und gehe mit ihnen vor wie bei Übung 1.

_____

_____

_____

_____

_____

Silben zusammensetzen – Silbenblasen

4 Bilde aus diesen Silbenblasen mindestens 15 Wörter und notiere sie mit Trennstrichen.

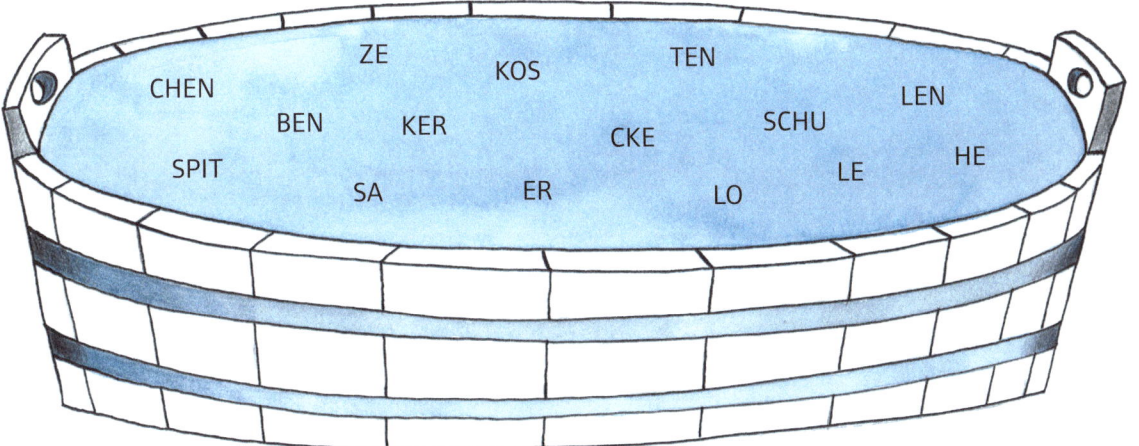

Lo-chen, Ze-cke,

Silben trennen – Körperpflege im Mittelalter

5 Markiere in diesem Text alle möglichen Trennungen durch Längsstriche in den Wörtern.

Im Mittelalter betrieb man die Körperpflege noch nicht so wie heute. Dazu war das Wasser viel zu kostbar. Die meisten benetzten sich nur nach der Arbeit den verschwitzten Oberkörper und säuberten sich die Hände. Im Sommer badete man im Fluss, um Läuse und Flöhe wegzuwaschen. Mit jungen Zweigen oder Kräutern putzte man sich die Zähne. Nur die Burgherren konnten sich leisten, mit teurem Feuerholz Wasser zum Baden zu erhitzen. Man goss es in einen Zuber und streute duftende Blüten hinein.

Wörter zu Silben finden – QUA-LEN und QUAL-LEN

6 Finde zu den Silben jeweils ein Wort, in dem die Silbe vorkommt.

FEN – FENS	RU-FEN, FENS-TER
DER – ADER	
EN – ENG	
LA – LAS	
LE – LEN	
BER – ÜBER	
GE – GER	
MON – MONS	
KER - CKER	
HE – HEL	
IM – IMP	
KA – KAS	
FEN – OFEN	

Rechtschreibhilfen
Die Ableitungsprobe
Seite 7

1
Säuglinge (< saugen), Häschen (< Hase), Schätzchen (< Schatz), Mäuslein (< Maus), Ärmchen (< Arm), Händlein (< Hand), Mäulchen (< Maul), Näschen (< Nase), Bäuchlein (< Bauch)

Seite 7/8

3 und 5
hand/händ: behände, Handschuhe, unhandlich, Handrücken, Handarbeit, handhabbar
person/persön: Amtsperson, unpersönlich, Personalchef, Personenschutz, Persönlichkeit
raum/räum: Raumpflegerin, geräumig, Raumstation, räumen
tat/tät: tatsächlich, untätig, Schandtaten, Tatsache, Täter
feder: abfedern, Sprungfeder, federleicht, Federkissen, Federbett
glaub/gläub: abergläubig, Irrglaube, Ungläubige, glaubwürdig, Glaubensfrage
dring: undurchdringlich, Eindringling, dringend, Dringlichkeit, eindringen

Seite 8

6
a) -teuer-: Teuerung, überteuert, teuer, beteuern
b) -staub-/-stäub-: bestäuben, Staub, verstaubt, Stäubchen
c) -ander-/-änder-: veränderlich, Änderung, anders, verändern
d) -merk-: merkwürdig, Vermerk, Bemerkung, merken
e) -arg-/-ärg-: ärgerlich, Ärger, verärgert, arg
f) -farb-/-färb-: Farbe, verfärben, farblich, Färbung
g) -kleb-: klebrig, Kleber, verklebt, kleben
h) -ganz-/-gänz-: ergänzen, gänzlich, Ergänzung, ganz

Seite 9

9
unverkäuflich: kaufen, Käufer, käuflich, verkaufen, Verkauf, Verkäufer, abkaufen, Käuflichkeit
Nähe: nah, annähern, unnahbar, nähern, Näherung
hohl: Hohlraum, hohläugig, Höhlenbär, Höhlenbewohner, Hohlkreuz
lächeln: lachen, lachhaft, lächerlich, auslachen
Ernährung: Nahrung, ernähren, nahrhaft, Ernährer
Säure: sauer, säuerlich, versauern, Sauerrahm
gar: garen, Garzeit, gegart

10
Liebe Leute (-)!
Verlasst eure Wände (< Wand), ich berichte euch heute die Geschichte von einem Engländer (< England), der glänzende (< Glanz) Felle (-) liebte. Eines Tages erblickte er auf einem Mäuerchen (< Mauer) ein Kätzchen (< Katze), das sich säuberte (< sauber). „Das Tierchen muss ich auf alle Fälle (< Fall) haben und häuten (< Haut)", dachte er bei sich und packte sich das Tier, das laut aufheulte (-). Ungläubig (< glauben) und ängstlich (< Angst) blickte es seinen Peiniger an. Da ergriff ihn plötzlich Mitleid, er zähmte (< zahm) das scheue (-) Tier und erfreute (-) sich an ihm.

Seite 10

12

waagerecht:	senkrecht:
3. hebt < heben	1. vergräbt < vergraben
4. lobt < loben	2. kriegt < kriegen
5. schrieb < schreiben	7. erkrankt < erkranken
6. dankt < danken	10. strengt an < anstrengen
8. borgt < borgen	11. steigt < steigen
9. stärkt < stärken	12. siegt < siegen
13. zeigt < zeigen	
14. gibt < geben	

Die Verlängerungsprobe
Seite 11

1
Pferd → Pferde, Hand → Hände, Mond → Monde, Fink → Finken, Lied → Lieder, Typ → Typen, Bart → Bärte, Weg → Wege, Lump → Lumpen, Dieb → Diebe, Raub → Raube, Korb → Körbe, Gold → goldig/golden, Hieb → Hiebe, Held → Helden, Werk → Werke, Wald → Wälder, Krug → Krüge

Seite 12

3
Sand → sandig, Leib → Leiber, laufend → laufende, Pfand → Pfänder/pfänden, laut → laute, Sog → saugen, er lag → liegen

Seite 13

6
Bauer Leonhard klagt sein Leid (→ Leiden): „Wie soll ich jemals eine Braut (→ Bräute) finden, wo ich doch kein Land (→ Länder) besitze und mein Viehbetrieb (→ Viehbetriebe) aus gerade einmal zwei Kühen und einem Kalb (→ Kälber) besteht. Voller Neid (→ neidisch) blicke ich auf meinen Nachbarn, er besitzt einen großen Schrank (→ Schränke) voll kostbarer Kleidung, heute trägt er wieder ein Hemd (→ Hemden), dessen Wert (→ Werte) mein Monatseinkommen weit übersteigt. So gewinnt er natürlich die Herzen im Flug (→ Flüge)!"

8
fremd und fremder, gesund und gesünder, mild und milder, spannend und spannender, wütend und wütender, bunt und bunter, herb und herber, lieb und lieber

Seite 14

11

Ecke → eckig – eckiger, Nutzen → nützlich – nützlicher, Ehrgeiz → ehrgeizig – ehrgeiziger, Versehen → versehentlich – versehentlicher, Lachen → lächerlich – lächerlicher, Wolke → wolkig – wolkiger, Gott → göttlich – göttlicher, Kante → kantig – kantiger, Dorf → dörflich – dörflicher, Eile → eilig – eiliger, Not → nötig – nötiger, Ekel → eklig – ekliger, Herr → herrlich – herrlicher, Natur → natürlich – natürlicher

Seite 15

12

-ig	-lich
häufig	nützlich
eckig	versehentlich
ehrgeizig	lächerlich
wolkig	göttlich
kantig	dörflich
eilig	herrlich
nötig	natürlich
eklig	

Ableiten und Verlängern im Zusammenhang

Seite 15/16

1

Tag (→ Tage), begierig (→ begieriger), Braut (→ Bräute), Bild (→ Bilder), verliebt (< verlieben), sorgfältig (→ sorgfältiger), legte (< legen), Hemd (→ Hemden), steckte (< stecken), Ring (→ Ringe), Wert (→ Werte), gering (→ geringer), Empfang (→ Empfänge), bot (< bieten), stand (→ standen), anmutig (→ anmutiger), zierlich (→ zierlicher), mied (< meiden), Blick (→ Blicke), Eid (→ Eide), Gesicht (→ Gesichter), Land (→ Länder), schwieg (< schweigen), verschämt (→ verschämter), schalt (< schelten), scherzend (→ scherzender), Lügenbold (→ Lügenbolde), anfänglich (→ anfängliche(r)), Widerstand (→ Widerstände), bot (< bieten), schwand (< schwinden)

Seite 16

2

Ein **Knäblein (→ Knabe)** traf einst im Wald auf einen **Räuber (< Raub, rauben)**. Dieser wollte dem **Kind (→ Kinder)** den Rucksack entwenden, den es bei sich **trug (< tragen)**. Doch es **gelang (< gelingen)** ihm nicht, denn dieses wehrte sich **überraschend (→ überraschende) heftig (→ heftige),** presste den Rucksack an seinen **Leib (→ Leiber)** und **trat (< treten)** mit beiden Füßen auf den **Täter (< Tat)** ein. Da ergriff dieser **eilig (→ eilige)** die Flucht und **verschwand (< verschwinden).**

Seite 17

3 und 4

Auf Burg Sassenstein werden heute alle Räume (< Raum) gesäubert (< sauber). Hermine biegt (< biegen) links (→

linke) um die Ecke und begibt (< begeben) sich in die Küche. Dort entfernt sie den Klecks, der ranzig (→ ranzige) an der Vase klebt (< kleben). Zugleich träumt (< Traum) sie von erfreulichen (< erfreuen) Dingen. Sie hofft nämlich, dass ihr Freund (→ Freunde) sie dauernd (→ dauernde) und ewig (→ ewige) liebt (< lieben).

Die Arbeit mit dem Wörterbuch

Seite 17

1

KA- : Kasimir, Karsten, Karl, Kassandra, Karola, Karolin, Kaspar
KO-: Konstanze, Kordula, Konstantin, Korbinian, Konrad
KU-: Kunigunde, Kuno, Kurt, Kunibert

2

KAR-: Karsten, Karl, Karola, Karolin

3

1. Karl; 2. Karola; 3.Karolin; 4.Karsten

Seite 18

4

KAS-: Kasimir, Kassandra, Kaspar
5. Kasimir; 6. Kaspar; 7. Kassandra
KON-: Konstanze, Konstantin, Konrad
8. Konrad; 9. Konstantin; 10. Konstanze
KOR-: Kordula, Korbinian
11. Korbinian; 12.Kordula
KUN-: Kunigunde, Kuno, Kunibert
13. Kunibert; 14. Kunigunde; 15. Kuno
KUR-: 16. Kurt

5

kulant (entgegenkommend), Korporal (Unteroffizier), Kobold (neckischer Geist), krakeelen (schreien, lärmen), Koralle (Nesseltier; Schmuckstein), Koryphäe (bedeutende Persönlichkeit, hervorragender Gelehrter), Karosserie (Wagenoberbau, -aufbau), Kuvert (Briefumschlag), Krypta (Gruft, unterirdischer Kirchenraum)

Seite 19

6

KA-: Karosserie
KO-: Korporal, Kobold, Koralle, Koryphäe
KR-: krakeelen, Krypta
KU-: kulant, Kuvert
Karosserie, Kobold, Koralle, Korporal, Koryphäe, krakeelen, Krypta, kulant, Kuvert

7

Prälat, Portion, Pflaster, Papst, Positur, Pfingsten, positiv, Pfiff

topfit Deutsch – Rechtschreiben 2 © 2006 Oldenbourg Schulbuchverlag

8
Papst, Pfiff, Pfingsten, Pflaster, Portion, positiv, Positur, Prälat

Lange und kurze Vokale
Seite 20
1

	kurz	lang
a	Wasser, befanden	Bad, Burggraben
e	recht, Festen, Fetzen	Leben, sehr, beschwerlich, Ergebnis, Heer
i	stillen	fließend, Fliegen
o	Stoff	Strom, hohen, Stroh
u	Burg, erfunden, Benutzung, benutzte	Dusche, Jauchegrube

Seite 20/21
2
blieb, Müllhäufen, Gestank, jeder, kleben, Mist, Ställen, gut, vorstellen, Schamgefühl, Burgbewohner, zuschauen, fiel

Das **Schamgefühl** der **Burgbewohner** war nicht groß. Jeder konnte bei der Verrichtung des „Geschäfts" **zuschauen**. Was nicht hinunter in die Grube **fiel**, **blieb** außen an der Mauer **kleben**. Man kann sich den Gestank **vorstellen**! Den **Gestank** war **jeder** gewöhnt, da es überall auf der Burg nicht **gut** roch. Dafür sorgten schon die **Müllhaufen** und der **Mist** aus den **Ställen**.

Seite 21
4

Kurzer Vokal	Langer Vokal
Gestank	jeder
Müllhaufen	blieb
Mist	kleben
Ställen	gut
vorstellen	Schamgefühl
	Burgbewohner
	zuschauen
	fiel

Dehnung
Seite 22
1
Da **Brot** auch im Mittelalter als **Grundnahrungsmittel** des Menschen galt, **kam** dem **Beruf** des Müllers eine große Bedeutung zu. Zu den wichtigsten Erfindungen des Mittelalters **zählt** auch die Entwicklung des **Mühlrades**.
Der Müller war im Gegensatz zu den meisten Bauern häufig unabhängig und wurde zu einem echten **Unternehmer**, der sich manchmal sogar einen **Lohnarbeiter** leisten konnte. Meist **betrieb** seine Familie einen Hof mit ein **paar** Stück **Vieh**, **Gemüsebeeten** und einem Hühnerstall.

Das Reinigen des Mühlsteines konnte sehr **mühsam** sein und oft nur mit einer **Feder** erfolgen, da die Kleie, der Rückstand beim **Mahlen** des Korns, der vor allem aus der **Schale** des Korns **besteht**, sehr klebrig ist. Deshalb **vermied** man es möglichst, Dinkel einzufüllen, sondern bevorzugte **Hafer** oder Weizen. Auch Roggenmehl **ließ** sich schwer von der Kleie trennen. Als Entlohnung für seine Arbeit **erhielt** der Müller einen Teil seines **Mahlgutes**.

Seite 23
2

ohne Kennzeichnung	Dehnungs-h	ie	Doppelvokal
Brot	Grundnahrungsmittel	betrieb	paar
kam	zählt	Vieh	Gemüsebeeten
Beruf	Mühlrad	Vermied	
Mühlrad	Unternehmer	ließ	
betrieb	Lohnarbeiter	erhielt	
Gemüsebeeten	Vieh		
Feder	mühsam		
Schale	Mahlen		
Hafer	besteht		
Mahlgut	Mahlgut		

3
ohne Kennzeichnung: Lob, Rose, Graben, Zofe, wagemutig, …
mit Dehnungs-h: kehren, sah, kahl, sehr, glühten, …
mit ie: lieb, Brief, ließ, schrieb, fiel, Krieg, …
mit Doppelvokal: Paar, Saal, Heer, Beet, Haar, Moos, …

Seite 24
4
senkrecht:
1 widerlich, 4 wieder, 5 fiel, 9 passiert, 10 lieh, 12 Gefieder, 16 behielt, 18 schien, 20 Vitamine, 21 Spülmaschine, 23 stiehlt

waagerecht:
2 flieht, 3 Widerstand, 6 Liebling, 7 schrien, 8 Gardine, 11 schielt, 13 rieb, 14 probieren, 15 minus, 17 stabil, 19 verliert, 22 mied, 24 Riegel

Seite 25
5

i	ie	ieh
widerlich	wieder	lieh
Vitamine	fiel	stiehlt
Spülmaschine	Liebling	flieht
Widerstand	schielt	
stabil	mied	

6

bekam, Verlobten, Mahl (Essen), begab, spähte, blühten, sah, eintrat, wortlos, Brief, Wagemutigen, waren, wunderbar, schrieb, Wahl (Nomen zu wählen), lesen, Weg, geben, Gib, Rat

Schärfung
Seite 25/26
1

Um eine Burg einzunehmen, verfügten die Feinde über verschiedene Belagerungswaffen: einen gewaltigen Rammbock mit einer Metallspitze, die oft als Widderkopf gestaltet war, Katapulte, die Wurfgeschosse über die Burgmauern schleuderten, Brandpfeile und Feuertöpfe. Manchmal wurde auch ein Tunnel unter der Burgmauer gegraben.

Seite 26
2

Konsonantenverdoppelung: Lamm, Brunnen, Ebbe, Lippe, Stamm, knurren, Wasser, treffen, rennen

Konsonantenhäufung: Fund, kalt, Feld, Markt, Rind, Gurt, Magd, Arzt, Mord

3

Die Ritter kämpften, das verrät schon der Name, beim Reiten. Daher trugen sie zum **Schutz** während des **Kampfes** eine schwere Rüstung und darunter ein Kettenhemd aus **Metall**. Auch das Pferd war durch eine **Rüstung** geschützt. Die Ritter kämpften im **Zweikampf** mit Schild, **Lanze** oder Schwert. Die Rüstung war so schwer, dass der Ritter einen Knappen benötigte, der ihm aufs Pferd half. Ein **Knappe** war meistens ein junger Adeliger, der das Handwerk des Ritters erlernen sollte. Die Rüstung war zwar einerseits ein Schutz, aber auch eine **Falle**. Denn wenn der Ritter vom Pferd fiel, konnte er ohne **Hilfe** nicht wieder aufstehen. Bald wurde der Zweikampf der Ritter im Krieg ersetzt durch Schützen mit Pfeil und Bogen oder durch die ersten Kanonen. Die Kunst des Zweikampfes wurde aber in vielen **Wettbewerben**, den Turnieren, weiter gepflegt.

Seite 27
5

Wappen	Mappen, Lappen
Kissen	wissen, vermissen
Waffen	Affen, paffen
essen	fressen, messen
rattern	knattern, flattern
brennen	rennen, kennen

Seite 26/28
7 und 8

1) Hessenhaus – Herrenhaus
2) Brummen im Illenhof – Brunnen im Innenhof
3) Stäppe – Ställe
4) Werkställen – Werkstätten
5) Weinkesser – Weinkeller
6) Seilrosse und Fattgiller – Seilrolle und Fallgitter
7) Happen – Hallen
8) Wannergraben – Wassergraben
9) Tretten – Treppen
10) Wammenkaffer – Waffenkammer
11) Kaperre – Kapelle

Seite 29
10

1e Brennnessel, 2i Balletttänzer, 3a Wolllappen, 4j Fußballländerspiel, 5g Stalllaterne, 6b Imbissstand, 7d Stofffetzen, 8f Schifffahrt, 9h Fresssucht, 10c Schlammmassen

Seite 30
12

Hunde	Produkt	Felder	Wange
erfinden	Insekt	Wildnis	gelingen
Länder	abstrakt	Schulden	Gesänge
besonders	korrekt	Bildung	Gefängnis
Vormund	Projekt	bewaldet	bringen

13

z.B.:

Erkältung	Gestank
foltern	Krankheit
Eltern	versinken
Falten	denken

14

ND: Wunde, Runde, Pfunde, Ränder, Wände …
LD: Gelder, Wälder, Gulden, dulden …
NG: Zange, Spange, ringen, klingen …
LT: Walter, poltern, spalten, walten …
NK: Schränke, trinken, verrenken, senken, lenken …

Seite 31
15

du rennst, du rutschst aus, du beschimpfst, du brüllst, der dümmste, du fällst, du kannst, du befolgst, der tollste

16

du naschst, der hellste, du quetschst, du sollst, du sonnst, der strengste, der wärmste, du wäschst, der schnellste

Seite 31/32
17

„Du **kannst** hier auf der Burg gut leben, wenn du einige Regeln **befolgst**:
Du **sollst** dich um die Speisekammer, die Wäsche und die Räume des Burgherrn kümmern. Pass beim Wischen der Böden auf, dass du nicht **ausrutschst** und auf den Boden **fällst**. Achte darauf, dass du die Tischdecken

topfit Deutsch – Rechtschreiben 2 © 2006 Oldenbourg Schulbuchverlag

sorgfältig **wäschst** und sie nicht zu eng nebeneinander in den Schrank **quetschst**.
Strengste Strafen werden dich treffen, wenn du dich **sonnst,** statt zu arbeiten, aus der Speisekammer **naschst** und nicht schnell genug **rennst**. Ich erwarte, dass du nie **brüllst** und niemanden **beschimpfst**. Selbst der **dümmste** Knecht weiß, dass man mit mir gut auskommen kann."

Dehnung und Schärfung im Zusammenhang
Seite 32

1

der Kamm – er kam, ich rate – die Ratte, fahl – der Fall, das Lamm – lahm, offen – der Ofen, der Kahn – er kann, der Rum – der Ruhm

2

die Massen – über alle **Maßen,** der Schal – der **Schall,** der Stahl – der **Stall,** die Rassen – der **Rasen,** die Risse – der **Riese,** die Höhle – die **Hölle,** die Sperre – die **Speere,** die Quallen – die **Qualen,** das Heer – der **Herr**

s-Laute
s-Laut-Schreibung
Seite 33

1

Auf Burg Sassenstein soll ein großes Fest stattfinden. In der Küche laufen die Vorbereitungen auf höchsten Touren. In den Kesseln brutzelt und dampft es, Fleischspieße werden über dem großen Feuer gedreht. Die Mägde betätigen fleißig die Reibe, um die Kartoffelklöße herzustellen. Die Kinder mussten schon Tage vorher Nüsse und Preiselbeeren sammeln. Aus Rosinen und Grieß zaubert Hermine eine köstliche Nachspeise. In einer riesigen Schüssel steht das Apfelmus bereit und Süßfrüchte werden mit Zuckerguss überzogen. Nun kann das Fest beginnen.

2

s	ß	ss
Fest	großes/großen	Sassenstein
höchsten	Fleischspieße	Kesseln
herzustellen	fleißig	mussten
Preiselbeeren	Kartoffelklöße	Nüsse
Rosinen	Grieß	Schüssel
köstliche	Süßfrüchte	Zuckerguss
Nachspeise		
riesigen		
Apfelmus		

Seite 34
3/4

großen, Kessel, Klößen, Essen, fassen, Kessel, großen, Essen, heiß, ließ, Fässern, verschlossenen, Tongefäßen, Erdgeschoss, verließ, dass, fraßen, Flüsse

5

langer Vokal: großen, Klößen, heiß, ließ, Tongefäßen, verließ, fraßen
kurzer Vokal: Kessel, Essen, fassen, Fässern, verschlossenen, Erdgeschoss, dass, Flüsse

Seite 35
7

b) In Fässern lagerte man Obst und Fleisch.
c) In einem Kessel kochte man Suppen und Eintöpfe.
d) Zur Suppe aß man Klöße.
e) Viele Nahrungsmittel lagerte man in fest verschlossenen Tongefäßen.
f) Das Eis stammte aus den zugefrorenen Flüssen.
g) Die Katzen fraßen die Mäuse.

10 und 11

kaußen:	draußen
Spoß:	Schoß, Floß, Kloß, groß
tüssen:	küssen, müssen
kräßig:	mäßig
Verkluss:	Verdruss, Verschluss
wassen:	lassen, fassen
Pfaße:	Straße, Maße
quassig:	massig, rassig

Seite 36
12

Schlüssel, Vergesslichkeit, abschließend, spaßig, fassungslos, draußen, Brennnesseln, begrüßen, außerdem, hässlich, Missetat, Straßenfest, Hornisse, entblößen

ß nach langem Vokal	ss nach kurzem Vokal
abschließend	Schlüssel
spaßig	Vergesslichkeit
draußen	fassungslos
begrüßen	Brennnesseln
außerdem	hässlich
Straßenfest	Missetat
entblößen	Hornisse

Seite 36/37
13

a) essen (3)
b) fleißig (4)
c) genießen (6)
d) Heißhunger (7)
e) äußerste (10)
f) Kessel (8)
g) massenhaft (2)
h) Messer (9)
i) prasselnden (14)
j) schließlich (1)
k) Soßen (11)
l) Süßigkeiten (13)
m) unablässig (5)
n) versessen (12)
Lösung: Haselnusstorte

Seite 37

14

Auf Burg Sassenstein herrscht **äußerste** Betriebsamkeit. Das Gesinde arbeitet **fleißig** und **unablässig** (oder: unablässig und fleißig) an den Vorbereitungen der Festlichkeiten. Die Burgbewohner sind schon ganz **versessen** auf die Feierlichkeiten, **schließlich** gibt es dann viel zu **essen** und alle werden den Abend **genießen**. Die **Messer** sind gewetzt, in der Küche dampfen große **Kessel** über dem **prasselnden** Feuer. **Massenhaft** Wein, Kannen voller **Soßen** und Schüsseln mit **Süßigkeiten** stehen bereit. Die Gäste werden sich sicher mit **Heißhunger** darauf stürzen.

Die s-Laut-Schreibung am Wortende

Seite 38

1

			K	P	R	E	I	S	
V			E						
E	H	A	S	S	G	R	A	S	
R	E	I	S	P		B			
D			P	A		E			
R			I	ß		W			
U			E	F	L	E	I	ß	
S	T	O	ß			I			
S	S	C	H	L	O	S	S		

-s	-ß	-ss
Reis	Fleiß	Verdruss
Gras	Spieß	Hass
Preis	Spaß	Schloss
Beweis	Stoß	kess

2

Fels – Felsen, Gruß – Grüße, Kloß – Klöße, Biss – Bisse, Schuss – Schüsse, Maus – Mäuse, Kuss – Küsse, Fuß – Füße, Los – Lose, Koloss – Kolosse

Seite 39

4

Gans, Stress, Gebraus, Gefäß, Fluss, Einlass, kraus, gewiss, Schweiß, Floß, Gleis, Strauß

s: Gleis (Gleise), Gebraus (brausen), kraus (krauses Haar), Gans (Gänse)

ss: gewiss (Gewissen), Einlass (lassen), Fluss (Flüsse), Stress (stressig)

ß: Strauß (Sträuße), Gefäß (Gefäße), Floß (Flöße), Schweiß (schweißen, schweißig)

Seite 40

5

Spaß   < spaßig, spaßen
Maß   < maßlos, mäßig, sich mäßigen

Kreis   < kreisen, kreisrund
Blöße   < bloß, entblößen
Größe   < groß, vergrößern
Lösung   < löslich, lösen

6/7

Kaiser, großen, stieß, Lagergassen, beweist, wiesen, Ross, Kaiser, begrüßt, Eisengeklirr, Rosse, verlas, Startschuss, Rossen, Fersen, mussten, zusammenstoßen, Kaiser, Kaisersöhne, erwiesen.

Seite 41

9

a) Gefängnis, b) Finsternis, c) Zeugnis, d) Hindernis, e) Erzeugnis, f) Erkenntnis, g) Geheimnis, h) Ergebnis

10

die Gefängnisse, die Zeugnisse, die Hindernisse, die Erzeugnisse, die Erkenntnisse, die Geheimnisse, die Ergebnisse

Seite 42

11

das Bildnis – die Bildnisse, das Versäumnis – die Versäumnisse, das Vermächtnis – die Vermächtnisse, das Erfordernis – die Erfordernisse, das Ereignis – die Ereignisse, das Verlöbnis – die Verlöbnisse, die Erschwernis – die Erschwernisse, die Empfängnis – die Empfängnisse, die Betrübnis – die Betrübnisse , die Bedrängnis – die Bedrängnisse, das Erlebnis – die Erlebnisse

12

faskistus/**kasus**/sibelopens/**praxis**/taf isankis/**ananas**/beglixest/**atlas**/pasimf es/**luftikus**/korispe/**omnibus**/grafetis verlimnes/**basis**/kimlesirfos/**zirkus**/ko mfaspornisgri/**tempus**/blofisteronisforz ikas/**kürbis**/vostimas/**bazillus**/erkemis ten

der Kasus, die Praxis, die Ananas, der Atlas, der Luftikus, der Omnibus, die Basis, der Zirkus, das Tempus, der Kürbis, der Bazillus

13

a) Meine Lieblingsfrüchte sind der **Kürbis** und die **Ananas**.

b) In der **Praxis** eines Arztes versteckt sich gern mal ein **Bazillus**.

c) Heute fuhr ich mit dem **Omnibus** zum **Zirkus**. Dort bewunderte ich den Hochseilartisten, der sich „**Luftikus**" nannte und mit einer Blume in der Hand auf dem Seil tanzte.

d) Die Prüfung in Grammatik behandelte den **Kasus** des Nomens und das **Tempus** des Verbs.

e) Die Arbeit mit dem **Atlas** ist die **Basis** jeden Geographieunterrichts.

Seite 43

14

Disken	der Diskus
Globen	der Globus
Kakteen	der Kaktus
Organismen	der Organismus
Radien	der Radius
Rhythmen	der Rhythmus
Viren	das/der Virus

Seite 43/44

17

Langer Vokal + stimmloser s-Laut am Wortende:
groß, Gras, heiß, barfuß, aß
Langer Vokal + stimmloser s-Laut im Wortinneren:
großes
Kurzer Vokal + stimmloser s-Laut am Wortende:
gewiss, Fluss, Einlass, Schluss, Abschluss, Schloss
Kurzer Vokal + stimmloser s-Laut im Wortinneren:
bewusst, unvergesslich, unvergessliches, Festessen
Langer Vokal + stimmhafter s-Laut im Wortinneren:
Musikanten, bliesen, Speiseeis, Speisen, dieser
Endsilbe -nis: Ereignis, Hindernis(rennen), Finsternis, Erlebnis
Wörter auf -us: Zirkus

s-Laut + t

Seite 44

1

b) Sie kann es gar nicht **fassen**: Seit der Bankräuber **gefasst** ist, **fasst** sie keinen klaren Gedanken mehr.

c) Er **isst** für sein Leben gerne. Am liebsten geht er italienisch **essen**. Erst gestern hat er wieder bei seinem Lieblingsitaliener **gegessen**.

d) Bis vor Kurzem hat sie noch Schmidt **geheißen**. Jetzt **heißt** sie Meier. Dabei wollte sie immer Huber **heißen.**

e) Er legt Wert darauf, **gegrüßt** zu werden. Seine Schüler müssen ihn immer **grüßen**, er **grüßt** dann auch freundlich zurück.

f) Sie **löst** leidenschaftlich gerne Kreuzworträtsel, schon viele hat sie **gelöst**. Doch dieses ist zu verzwickt, sie kann es nicht **lösen**.

Seite 44/45

2

speist < speisen, schmaust < schmausen, lässt < lassen, niest < niesen, stößt < stoßen, vergisst < vergessen, bläst < blasen, döst < dösen, zurechtweist < zurecht-weisen, fasst < fassen, isst < essen

Seite 45

4

An Ostern ist mein Herr mit mir zu einem Fest gereist. Er isst wirklich viel und beißt selbst in die Knochenreste, doch mir reißt meistens fast die Weste, weil ich mir den Wanst so voll schlage. Und wehe ich müsste husten! Du sagtest doch mal, du wüsstest, wie man fastet …

Seite 46

5

wissen – das Gewissen – ich weiß – er wusste – das Bewusstsein,
fließen – er floss – fließend – der Fluss – flüssig – geflossen,
beißen – bissig – Gebiss – beißend – ich biss – gebissen

7

Genuss – genießen – er genoss – genüsslich – genießerisch – genossen,
schließen – Schluss/Schloss – schließlich – er schloss – sie schließt – geschlossen

Seite 47

9

essen – er aß – gegessen
schießen – er schoss – geschossen
messen – er maß – gemessen
reißen – er riss – gerissen
lassen – er ließ – gelassen
gießen – er goss – gegossen

10

Ich **genoss** das Mahl und **aß** ohne Unterlass. Der Wein **floss** in Strömen und die Verlobten **ließen** sich von den Gästen feiern. Ich **beschloss** das Essen mit einem Bier, Musik und Tanz **rissen** mich zunächst mit, doch schließlich **ließ** ich den Abend ruhig ausklingen.

Seite 48

11

a) Nach kurzem Vokal steht immer ß. **Falsch!** Gegen-Beispiele: Gasse, Fluss, Flosse, Kissen …

b) Nach langem Vokal steht ß oder s. **Richtig!** Beispiele: Straße, Fuß, Floß, ließ, das Mus, beweisen, lesen …

c) Am Wortende kann nie der Buchstabe -s stehen. **Falsch!** Gegenbeispiele: es, Finsternis, Kaktus, Fels …

d) Nomen/Substantive mit der Endsilbe -nis kann man nicht in den Plural setzen. **Falsch!** Gegenbeispiele: Geheimnisse, Geständnisse, Erlebnisse …

e) Einige Fremdwörter enden auf -as, -is, -us. **Richtig!** Beispiele: Atlas, Basis, Globus …

f) Die meisten Nomen mit -us am Wortende bilden ihren Plural mit -usse. **Falsch!** Gegenbeispiele: Globen, Viren, Kakteen …

g) Innerhalb einer Wortfamilie können keine unterschiedlichen s-Schreibungen auftreten. **Falsch!** Beispiele: fließen – floss, beißen – biss, wissen – weiß …

das/dass
das oder dass?
Seite 49

1

Für das Altertum war die Welt ein abgrundtiefes Geheimnis, **das (welches)** sie nicht begreifen konnten. Die Menschen fassten das Unwetter, **das (welches)** ihnen das Saatgut auf den Feldern zerstörte, als das unheilvolle Wirken von Halbgöttern oder Dämonen auf.
Das frühe Mittelalter, **das (welches)** an Geister und Dämonen glaubte, vertraute noch darauf, **dass (--)** Zauberer und Hexen Hilfe gegen böse Mächte böten.
Im späten Mittelalter sah die Inquisition, eine Kirchenbehörde zur Verteidigung des christlichen Glaubens, im Aberglauben eine Gefahr für die Kirche und begann ein planmäßiges Verfolgen der angeblichen Zauberei, **das (welches)** bald erschreckende Ausmaße annahm. Es betraf vor allem kräuterkundige Frauen, die Kranken halfen.
Die Inquisition warf den Hexen vor, **dass (--)** sie mit dem Teufel im Bunde seien. Das Vorgehen gegen die angeblichen Hexen, **das (welches)** meist unerbittlich war, führte in der Regel zu einem Geständnis, **das (welches)** durch Folter erzwungen wurde. Viele Menschen bedauerten die „Hexen" und fanden, **dass (--)** die „Hexen" doch nur Kranken und Schwachen mit ihren Kräutern helfen wollten.

2

Sobald jemand das Opfer eines Verdachtes oder einer Anzeige geworden war, leitete ein Gericht, **das (welches)** zuständig war, ein Verfahren ein, **das (welches)** mit der Befragung weiterer Zeugen begann. Diese wurden meist zu solch stichhaltigen Aussagen gedrängt, **dass (--)** die Verhaftung erfolgen konnte. Zunächst wurde jeder Angeklagte ins Gefängnis gebracht, **das (welches)** für jeden ein Schock war, da es sich in einem so erbärmlichen Zustand befand, **dass (--)** es von Mäusen, Ratten und Ungeziefer nur so wimmelte. Auf das erste Verhör folgte meist die sogenannte „Hexenprobe", bei der man zum Beispiel das „Hexenmal" suchte, **das (welches)** angeblich der Teufel jeder Hexe aufprägte. Außerdem war man der Überzeugung, **dass (--)** es das sicherste Zeichen für die Schuld der Frau sei, wenn sie unter der Folter nicht weine. Umgekehrt spreche jedoch der Umstand, **dass (--)** sie keine Träne vergieße, keineswegs für ihre Unschuld.

Die Konjunktion *dass*
Seite 50

1

Die Ankläger warfen der Hexe vor, **dass** sie sich dem Teufel hingegeben habe. Sie meinten, **dass** ein solcher „Dämonenpakt" eine schwere Beleidigung Gottes sei, und zwar auch dann, wenn die Hexe gar nicht gemerkt habe, **dass** sie sich mit dem Teufel einlasse. Die angeklagte „Hexe" spürte bald, **dass** sie ihren Anklägern hilflos ausgeliefert war, und sie musste schmerzlich erfahren, **dass** alles gegen sie verwendet wurde, egal was sie sagte oder wie sie reagierte. Unter der schmerzhaften Folter gaben ohnehin fast alle Frauen zu, **dass** alles, was ihnen vorgeworfen wurde, der Wahrheit entsprach.

Seite 51
Thema: Projektgruppe (Beispiele)
Ich schlug vor, dass wir uns mit dem Zusammentragen unserer Rechercheergebnisse bis Ende nächster Woche Zeit lassen sollten.
Ich hoffte, dass die anderen einwilligten, da ich das ganze Wochenende bei einem Freund verbringen wollte und deshalb keine Zeit hatte.
Das bejahende Kopfnicken meiner Gruppenmitglieder zeigte mir, dass sie einverstanden waren.
Ich fühlte, dass ich mich darüber freute.

Thema: Präsentation (Beispiele)
Da ich mit Computern sehr fit bin, regte ich an, dass wird die Ergebnisse mit einer Powerpointpräsentation vortragen könnten.
Ich hoffte, dass meine guten Computer-Kenntnisse meine unausreichende Recherchearbeit ausgleichen würden.
Ich sah, dass die anderen aus meiner Gruppe nicht mehr sauer auf mich waren.
Ich spürte, dass ich sehr erleichtert war.

Seite 51/52

5

b) Das Gespräch, das wir über die Gestaltung der Stellwände führten, war chaotisch und wir waren zunächst ziemlich ratlos.
Das Gespräch über die Gestaltung der Stellwände war so chaotisch, dass wir zunächst ziemlich ratlos waren.
c) Natürlich wollte keiner das Zurechtschneiden der Infokarten, das eine langweilige Aufgabe war, übernehmen.
Das Zurechtschneiden der Infokarten war eine so langweilige Aufgabe, dass sie natürlich keiner übernehmen wollte.
d) Das Schreiben der Infotexte, das allerdings richtig Spaß machte, wollten die meisten übernehmen.
Das Schreiben der Infotexte machte allerdings richtig Spaß, sodass die meisten diese Aufgabe übernehmen wollten.
e) Durch das Aufkleben der Infokarten, das sich als eine schmierige Angelegenheit herausstellte, waren unsere Hände ganz verklebt.
Das Aufkleben der Infokarten war eine so schmierige Angelegenheit, dass unsere Hände ganz verklebt waren.
f) Das Präsentieren unserer Arbeit, das dann aber reibungslos verlief, machte uns sehr stolz.
Es machte uns sehr stolz, dass das Präsentieren unserer Arbeit dann aber reibungslos verlief.

topfit Deutsch – Rechtschreiben 2 © 2006 Oldenbourg Schulbuchverlag

Gesamtübung I
Seite 53

2

a) Ableiten: Hände < Hand, Schläge < Schlag

b) Verlängern: Wachslicht → Wachslichter, schützend → schützende, Gestalt → Gestalten

c) Sprechprobe bei Dehnung: Ziehschwester, Strohlager, ihres, gewöhnt, höhnisch, Flehen, ihr, Ruhe

d) Sprechprobe bei Schärfung: nimm, stellte, flackernde, riss, zischte, Umrisse, erkennen, wusste, eingelassen, hatte, herrisch, Ratsherrn, Kaufmanns, besser, willst, kannst, Hass, Stimme, angstvollen, Platz, brennst, genommen, dann, Hoffnung, erhoffte, Rettung, Flammentod, will

e) Ersatzprobe bei *das-dass*:
Artikel: das Gewölbe – dieses Gewölbe
Relativpronomen: Barbara wurde vom Wachslicht, welches die Besucherin …
Konjunktion: „Ich will, dass (--) du mir hilfst"

Nomen/Substantive an Signalwörtern erkennen
Seite 54

1

Das Mittelalter – die Zeit der Städtegründung
So kam es damals häufig zu der Gründung einer Stadt: Die Handwerker, die für eine Burg oder ein Kloster arbeiteten, siedelten sich meist an einem Fluss oder See an. So entstanden die ersten Siedlungen. Die Kaufleute, die sich auf der Durchreise befanden, um der Burg oder dem Kloster Waren zu verkaufen, wollten gern an dem Ort regelmäßig einen Markt abhalten. Deshalb erbaten sie bei dem Erzbischof oder bei dem König das Marktrecht. Durch das Marktrecht entwickelten sich die Siedlungen zu einer Stadt, in der regelmäßig ein Markt abgehalten wurde.

2

Früher hatte es an dem Ort zwar meist auch einen Markt gegeben, vor allem wenn er an einer Wegkreuzung lag. Aber nun ging es darum, dass der Markt unter den Schutz des Königs oder Bischofs gestellt und somit als ein Marktflecken anerkannt werden sollte. Zu dem Zweck wurde die Fahne des Königs oder des Bischofs auf dem Marktplatz aufgestellt.

Seite 55

4

Zu **dem** markttag (-) kamen **die** bauern (-) aus **der** umgebung (-) und (-) tauschten **die** güter. Auch **die** handwerker (-) bekamen (-) von **dem** bischof **einen** grund (-) zugewiesen (-) und (-) bauten (-) dort **die** fachwerkhäuser.

dem Markttag, die Bauern, der Umgebung, die Güter, die Handwerker, dem Bischof, einen Grund, die Fachwerkhäuser

Seite 55/56

6

Wer seine Waren auf dem Markt verkaufen wollte, musste an den Stadtherren (König, Herzog, Bischof, Fürst) zuvor Marktgebühren und Zölle bezahlen. Um sich vor Konkurrenz zu schützen, schlossen sich Kaufleute zu „Gilden" zusammen und Handwerker zu „Zünften". Die Zunftordnung regelte Rechte und Pflichten von Meister, Geselle und Lehrling ebenso wie Preise und Löhne. Kaufleute, die es zu Wohlstand und Reichtum gebracht hatten, wurden zu einer neuen Art Adelsschicht.

Seite 56

8

die Pest, die Abgabe, der Tatendrang, Regensburg, der Innenhof, die Zivilisation, Ilm, der Einfluss, die Reichsgrenze
Lösungswort: die **Patrizier**

Seite 56/57

9

Die in Zünften organisierten Handwerker

in einer einzigen Straße

An den alten Handwerkshäusern

die reichsten Zünfte

um den großen Marktplatz

die ärmsten Stadtbewohner

die kargen Häuser

an die breite Stadtmauer

eine zusätzliche Wand

Seite 57/58

11

am Fuße = an dem Fuße, am Ufer = an dem Ufer, am Rande = an dem Rande, zum Einzugsbereich = zu dem Einzugesbereich, zum Markttag = zu dem Markttag, ins Stadtinnere = in das Stadtinnere, zur Straße = zu der Straße, im Teil = in dem Teil

Seite 58

13

Das tägliche Leben in der Stadt spielte sich am Marktplatz ab. Dort am Brunnen trafen sich die Mägde zum Wasserholen, am Gemüsestand tratschten die Bäuerinnen und im Gildehaus trafen sich die Kaufleute. Sonntags um zehn Uhr strömte alles zur Kirche, denn der Gottesdienst war einerseits für alle Pflicht, andererseits eine beliebte Gelegenheit zum Austausch von Nachrichten.

an dem Marktplatz, an dem Brunnen, zu dem Wasserholen, an dem Gemüsestand, in dem Gildehaus, zu der Kirche, zu dem Austausch

Seite 59

15

Das gedrängte <u>Zusammenleben</u> auf kleinstem <u>Raum</u> im <u>Stadtinnern</u> verursachte viel <u>Gestank</u>, <u>Lärm</u> und <u>Rauch</u>. Zur <u>Abfallbeseitigung</u> und vor allem zur <u>Verrichtung</u> der <u>Notdurft</u> wurden überall <u>Abortgruben</u> angelegt. <u>Hauptverschmutzer</u> der städtischen <u>Straßen</u> und <u>Gassen</u> waren herumstreunende <u>Schweine</u>, dazu kam die gewerblich bedingte <u>Verschmutzung</u>, an der vor allem <u>Metzger</u>, <u>Gerber</u> und <u>Färber</u> beteiligt waren, deren <u>Abfälle</u> in zum <u>Teil</u> verheerendem <u>Ausmaß</u> <u>Städte</u> und <u>Flüsse</u> verunreinigten.

Typische Endungen von Nomen
Seite 60

1

Alter / schaft, Dumm / ung, Dunkel / tum, Ehrlich / ung, Erb / ung, Erkennt / schaft, Feind / heit, Frei / keit, Genauig / nis, Gesandt / sal, Geständ / ung, Haltbar / schaft, Heilig / heit, Hinder / heit, Müh / nis, Reich / heit, Rinn / ung, Sauber / sal, Schick / schaft, Send / nis, Trüb / tum, Üb / sal, Veracht / nis, Verschwend / schaft, Verwandt / nis, Wachs / schaft, Wag / ung, Wahr / sal

-HEIT: Dummheit, Dunkelheit, Freiheit, Wahrheit
-KEIT: Ehrlichkeit, Genauigkeit, Haltbarkeit, Heiligkeit, Sauberkeit
-NIS: Erkenntnis, Geständnis, Hindernis, Wagnis
-SAL: Mühsal, Rinnsal, Schicksal, Trübsal,
-SCHAFT: Erbschaft, Feindschaft, Gesandtschaft, Verwandtschaft
-TUM: Altertum, Heiligtum, Reichtum, Wachstum
-UNG: Sendung, Übung, Verachtung, Verschwendung

2

Das unaufhaltsame **Wachstum** der Städte verschaffte nicht all ihren Bürgern **Reichtum** und **Sorglosigkeit**. Während viele reiche Kaufleute in **Verschwendung** leben konnten und für die Ärmsten nur **Verachtung** übrig hatten, war das **Schicksal** der armen **Landbevölkerung** oft hart und voller **Entbehrung**.

Seite 61

3

<u>Eine</u> große <u>bedrohung</u> in <u>der</u> damaligen <u>zeit</u> war <u>die</u> rasante <u>ausbreitung</u> von <u>krankheiten</u> und <u>seuchen</u>, wie

<u>der</u> <u>pest</u> und <u>der</u> <u>cholera</u>. Die <u>gefahr</u> <u>einer</u> <u>ansteckung</u> war so groß, weil sich <u>die</u> meisten <u>leute</u> selten wuschen und außerdem <u>die</u> leidige <u>angewohnheit</u> hatten, <u>den</u> <u>müll</u> einfach in <u>die</u> übervollen <u>straßengräben</u> zu werfen, in denen sich <u>die</u> <u>ratten</u> tummelten, die <u>die</u> <u>krankheiten</u> übertrugen. Erste <u>erkenntnisse</u> in <u>der</u> <u>medizin</u> führten dann zur allmählichen <u>verbesserung</u> <u>der</u> öffentlichen <u>sauberkeit</u>.

Eine große Bedrohung in der damaligen Zeit war die rasante Ausbreitung von Krankheiten und Seuchen, wie der Pest und der Cholera. Die Gefahr einer Ansteckung war so groß, weil sich die meisten Leute selten wuschen und außerdem die leidige Angewohnheit hatten, den Müll einfach in die übervollen Straßengräben zu werfen, in denen sich die Ratten tummelten, die die Krankheiten übertrugen. Erste Erkenntnisse in der Medizin führten dann zur allmählichen Verbesserung der öffentlichen Sauberkeit.

Weitere Signalwörter für Nomen
Seite 61/62

1

Ein weiterer wichtiger Bestandteil der Stadt war meist das Kloster, auch wenn jene kirchliche <u>Einrichtung</u> oft außerhalb der Stadtmauern lag. Aber Mönche und Nonnen waren für die Einwohner dieser nächstgelegenen <u>Stadt</u> sehr wichtig, weil sie lesen und schreiben konnten. Jene <u>Felder</u> und <u>Gärten</u>, die zum Kloster gehörten, waren auch meist besser bestellt als diejenigen der Bauern, da diese belesenen <u>Ordensleute</u> viel über Ackerbau und Obstanbau wussten. Dieses fundierte <u>Wissen</u> gaben sie auch weiter an diejenigen <u>Schüler</u>, die von ihren Eltern in die Klosterschule geschickt wurden.

Seite 62

2 und 3

Die Bauern, Händler und Kaufleute preisen ihre Waren an: „Vergessen Sie jene geschmacklosen **Fleischwaren** meines Konkurrenten, diese hausgemachten **Würste** sind viel knackiger!", schreit der Metzger. Er wird von jenem

Marktschreier übertönt, der schon immer die lauteste Stimme der Stadt hatte: „Besuchen Sie das Stück unserer fahrenden Schauspieltruppe, diese sensationelle **Attraktion** dürfen Sie sich nicht entgehen lassen!"
„Das Getreide, aus dem dieses **Mehl** gemahlen wurde, stammt aus der besten Ernte des Landes, diese einmalige **Qualität** erreicht kein anderer!", bietet der Müller seine Ware an. Ein Bauer will sein Vieh verkaufen: „Diese wohlgenährten **Ochsen** schleppen jeden schweren Karren!"

4

Besucht [unser] Kloster, betet mit uns in [unserer] wunderschönen Abteikirche und unternehmt [Eure] nächste Wallfahrt zu der heiligen Reliquie [unseres] Patrons. Lernt [unsere] fleißigen Brüder kennen. Bruder Konrad kümmert sich um die Versorgung der Gäste, [seine] ehrenvolle Aufgabe besteht darin, den Reisenden die größtmögliche Gastfreundschaft zu gewähren. Auch Bruder Paul und Bruder Johannes nehmen [ihre] Pflichten ernst, sie widmen [ihre] ganze Kraft der Pflege des Klostergartens, während Bruder Franz [sein] großes Wissen an [unsere] Novizen weitergibt. Schickt [Eure] Söhne an [unsere] angesehene Klosterschule!

Seite 63
5 und 6
Besuchen Sie meine hochbegabte Truppe, bewundern sie unseren sensationellen Hochseilartisten und sein überragendes Können, erleben sie unseren mutigen Dompteur und seine nie dagewesene Furchtlosigkeit. Genießen sie die Aufführung unserer grazilen Tänzerin und ihre einmalige Körperbeherrschung.

7 und 8
Knappe Harald erzählt von seinem Alltag:
Dieses ewige Gebürste des alten Kleppers meines pedantischen Herren ist ganz schön anstrengend. Und seine Rüstung und seine Waffen zu polieren, ist auch nicht viel unterhaltsamer. Außerdem strapazieren diese dauernden Ermahnungen meine armen Nerven schon sehr. Immer muss ich von ihm hören: „Dein Benehmen lässt zu wünschen übrig, diese unmöglichen Tischmanieren hast du sicherlich nicht von mir gelernt, meine

Geduld ist langsam am Ende. Sei vernünftig und verbessere deine Fremdsprachenkenntnisse, wie sollen wir uns denn sonst mit unseren ausländischen Feinden verständigen, wenn wir sie besiegt haben." Dieses dauernde Genörgel macht mein Leben nicht gerade einfacher. Aber immerhin bin ich immer in der Nähe jenes reizenden Burgfräuleins, ihr wunderbares Lächeln entschädigt doch für vieles und hebt meist meine Stimmung.

Seite 64/65
10
vielen Städtegründungen, meisten Menschen, manche Bauern, manchen Krieg, wenige Bauern, jeder Kriegspflicht, allen Besitz, mehrere Teile, kein Wegzug

Seite 65
12
Auf allen **meinen Reisen** habe ich schon viel **erlebt**. Jeder **berichtet** mir von seinen Nöten und ich höre mir auch **jede Geschichte** an, denn im Grunde ist keine **uninteressant**. Selbst **manch kleines Kind** weiß schon **viele Neuigkeiten** zu berichten, denn Kinder haben viel **gehört und gesehen**, ohne dass die **meisten Erwachsenen** es bemerken.

13
seb/**alle**/trem/**wenige**/chom/**manche**/lu
we/**mehrere**/onxi/**etwas**/minu/**vielerlei**
/yonkiwamosi/**kein**/vrasoti/**einige**/bruft
/**allerlei**/mixtirplaf/**viel**/kirmsxa/**genug**
/frunta

15
Die meisten Burgbewohner trafen sich oft im Freien zum Ballspiel. Dieses Spiel gehört schon zur Vorgeschichte des heutigen Fußballs. Im Winter halfen nur viele Brettspiele über ihre Langeweile hinweg, vor allem das beim Adel beliebte Würfelspiel. Diesen Zeitvertreib verbot jedoch die Kirche, da sie kein Glücksspiel duldete. Frauen beschäftigten sich meist mit ihren Handarbeiten. Ein weiterer Zeitvertreib des Ritters war die Jagd mit Pfeil und Bogen, Speer und Armbrust. Diese Waffen benutzte er auch im Kampf. Sein beliebtestes Beutetier war das Wildschwein.

Nomen ohne Signalwort: Frauen, Pfeil, Bogen, Speer, Armbrust
Artikel + Nomen: die Burgbewohner, des Fußballs, das Würfelspiel, die Kirche, ein Zeitvertreib, des Ritters, die Jagd, das Wildschwein
Verschmolzener Artikel + Nomen: im Freien, zum Ballspiel, zur Vorgeschichte, im Winter, beim Adel, im Kampf
Demonstrativpronomen + Nomen: dieses Spiel, diesen Zeitvertreib, diese Waffen
Possessivpronomen: ihre Langweile, ihren Handarbeiten, sein Beutetier

Indefinitpronomen/Zahladjektiv + Nomen: die meisten Burgbewohner, viele Brettspiele, kein Glücksspiel

Nominalisierung von Verben und Adjektiven

1

Das Mittelalter war auch das Zeitalter der großen Dombauten. Der Bischof kümmerte sich dabei um <u>das Beschaffen</u> der nötigen Finanzmittel. Deshalb erhob er zum Bespiel in seinem Marktbereich Sondersteuern <u>beim Handeln</u> mit Geflügel. Auch <u>das Sammeln</u> von Geldern <u>beim Abhalten</u> der Prozessionen war an der Tagesordnung. Zudem wurden wohlhabende Bürger, der König und die Fürsten <u>zum Schenken</u> und <u>Stiften</u> angehalten. Dann konnte die harte Arbeit im Steinbruch beginnen und man vernahm dort <u>lautes Hämmern</u> und <u>Klopfen</u>.

Seite 68

3

<u>Beim</u> vorsichtigen <u>Abtragen</u> der alten Kirche wurde darauf geachtet, dass ein Teil stehen blieb, damit <u>beim Abhalten</u> des Gottesdienstes nichts störte. Der Domherr gab sich meist viel Mühe <u>beim Auswählen</u> eines Baumeisters. Dieser war meist von bescheidener Herkunft, hatte sich aber <u>beim Reisen</u> durch die Länder Europas Erfahrungen und Kenntnisse <u>im Zeichnen und Entwerfen</u> von Bauplänen angeeignet. Meist kam er mit seinen eigenen Maurern angereist, die er <u>zum</u> genauen <u>Anpassen</u> der Steine benötigte.

4

bei dem Abtragen, bei dem Abhalten, bei dem Auswählen, bei dem Reisen, in dem Zeichnen und Entwerfen, zu dem Anpassen

Seite 68/69

6

Ich habe dich nicht **zum unablässigen Faulenzen** eingestellt, sondern erwarte von dir, dass du **beim Arbeiten** Schnelligkeit und Fleiß an den Tag legst. Achte **beim Behauen** der Steine auf Genauigkeit. Ich hoffe, du hast Übung **im Vermeiden** von Unebenheiten und **im sorgfältigen Kennzeichnen** der Steine. Bevor die Steine den Steinbruch verlassen, müssen sie mir noch einmal **zum genauen Überprüfen** vorgelegt werden. Außerdem bitte ich dich, **beim Rasten und Ruhen** die Pausenzeiten nicht zu überschreiten.

Seite 69

7

Holzfäller **schlagen** hohe Bäume, die <u>zum</u> **Fertigen** der langen Balken für den Dachstuhl gebraucht werden. Meist **verwenden** sie Eichenstämme, die sie <u>zum</u> **Lagern** ins Wasser bringen, damit sie widerstandsfähiger werden. Andere **bauen** Leitern, Gerüste und Geräte <u>zum</u> **Heben** der Steine. Steinmetze **bearbeiten** diese mit Spitzhacken und Meißeln. <u>Das</u> **Fertigen** der Werkzeuge geschieht an

Ort und Stelle durch die Schmiede.
Ein großer Teil der Kosten muss schon für <u>das</u> **Transportieren** der Materialien aufgebracht werden. Auf der Baustelle herrscht reges **Treiben**. Tagelöhner **bringen** die behauenen Steine in Steigen, die <u>dem</u> **Tragen** auf dem Rücken dienen. Die Maurer beweisen ihre Kunst <u>im</u> **Messen** und **Einpassen** der Steine und **prüfen** mit dem Senkblei, ob die Mauer senkrecht ist. Gleichzeitig **bereiten** die Mörtelmischer den Mörtel <u>zum</u> **Verbinden** der Steine vor. Später bringen die Glasmacher Flusssand und Holzasche <u>zum</u> **Schmelzen** und **fügen** schließlich Farbstoffe hinzu.

Seite 69/70

8

Für viele Dombesucher sind wohl die herrlichen Kirchenfenster <u>das Beeindruckendste</u>. Die Glaser des Mittelalters haben hier <u>Erstaunliches</u> geleistet. Sich vorzustellen, wie die Fenster aus vielerlei bunten Glasstücken zusammengefügt wurden, ist für die Menschen heute <u>etwas Unglaubliches</u>. Ein Glasmaler trug vorher mehrere Schichten einer grauen Farbe auf das Glas auf, um den Gesichtern und Gewändern den Eindruck <u>des Perspektivischen</u> zu verleihen. Wenn das Sonnenlicht nun durch die Scheiben dringt, zeigt sich am Kirchenboden <u>allerlei Leuchtendes</u> und <u>viel Funkelndes</u> in bunten Farben.

Seite 70

9

Auf dem Dachboden des Doms gibt es **viel Abenteuerliches** zu entdecken, und auch in der Gruft kann man **allerlei Aufregendes** erleben. Nachts passiert **manch Gruseliges** und man kann immer **etwas Unheimliches** erleben. Wer **nichts Spannendes** erleben möchte, sollte den Dom besser meiden und **alles Mögliche** tun, um ihm nicht näher zu kommen.

Seite 70/71

10

a) Schon vor dem Fest zur Einweihung des Domes wird **Sehenswertes** aufgeführt.
   Es werden **sehenswerte** Aufführungen geboten.
b) Der Dom ist natürlich die **schönste** Attraktion des Festes.
   Das **Schönste** des Festes ist sein Anblick.
c) Heute wollten sie **Großartiges** sehen.
   Sie wollten **großartige** Dinge sehen.
d) Sie erwarten manch **spektakuläre** Aufführung.
   Sie erwarten mancherlei **Spektakuläres**.

Seite 71

12

... ich habe ja schon <u>viel</u> **Interessantes** gesehen, aber das hier ...
... <u>viel</u> **Außergewöhnliches** passiert ...
... der Baumeister wirkt schon sehr **zufrieden** ...

… was lange währt, wird endlich **gut** …

… das **Beeindruckendste** sind die herrlichen Wandmalereien …

… das **Beste**, was ich je gesehen habe …

… das **wundervollste** Bauwerk im ganzen Land …

… der Auftakt des Fests war ja nichts **Besonderes**, doch die Aufführungen der Gaukler boten viel **Spannendes** …

Seite 72
13

Heute wird **Bedeutsames** passieren. Das **wichtigste** Bauwerk meiner Karriere wird mein Leben verändern. Das **Wichtigste** ist aber, dass mein Bau Gott zur Ehre gereicht.
Hoffentlich lässt die Sonne die **bunten** Fenster erstrahlen, denn dieser Eindruck ist immer etwas **Einmaliges**. Ob die Gäste wohl das **Einzigartige** meiner Baukunst zu würdigen wissen? Ach, ich sollte vielleicht etwas **bescheidener** sein, schließlich haben meine Handwerker mindestens genauso **wertvolle** Dienste geleistet.

14/15

Das erste **M**al konnten alle den prächtigen **B**au von innen bewundern, die hohen **D**ecken, die bunten **F**enster, die wunderbaren **W**andmalereien. Alles begann mit einem **G**ottesdienst. Der **B**ischof predigte allerlei Lehrreiches und ermahnte die **M**enschen zum Guten. Schließlich pries er die **M**ühen der **A**rbeiter, die einen wunderbaren **R**aum zum Anbeten und Lobpreisen **G**ottes geschaffen hatten. Dann begann das Feiern mit vielen **A**ttraktionen. Die **F**estbesucher hatten bisher wenig Vergleichbares erlebt. Man konnte **A**rtisten beim Tanzen auf dem **H**ochseil zusehen und **G**aukler beim Vorführen ihrer **K**unststücke betrachten. Eine **W**ahrsagerin bot ihre **K**ünste im Voraussagen der **Z**ukunft an und prophezeite mancherlei Interessantes. Die Armen konnten sich durch Betteln den **M**agen stillen und die geladenen **G**äste bekamen viel Leckeres auf die **T**eller geladen.

Signalwort und Artikel in festen Verbindungen
Seite 73/74
1

Bei der Einweihung des Domes bedankt sich der Bischof des Langen und Breiten bei den Arbeitern und im Wesentlichen bei seinem Baumeister. Jeder sei sich darüber im Klaren, dass die Männer jeden Tag aufs Neue großartige Arbeit geleistet und somit zum Besten des ganzen Kirchenvolkes gehandelt hätten. Der Dom sei ein Meisterwerk und jede Kleinigkeit sei bis ins Kleinste sorgfältig geplant und ausgeführt worden.

Seite 74
4

b) Die Schulklasse diskutierte des Langen und Breiten über das Ziel der Klassenfahrt.

c) Raucher sollten sich über die Gefahren von Nikotin im Klaren sein.

d) Die Komiker geben ihre Witze zum Besten.

e) Im Allgemeinen freuen sich die Schüler auf die Ferien.

5

a) Im Übrigen habe ich nichts für deine Späßchen übrig.

b) Ich bin mir darüber im Klaren, dass nicht alle die Lage richtig einschätzen.

c) Immer wieder aufs Neue habe ich neue Versuche gestartet.

d) Im Großen und Ganzen habe ich ganz großen Erfolg gehabt.

e) Die geringe Beteiligung stört mich nicht im Geringsten.

Die Anredepronomen
Seite 76
1

Meine geliebte Elisabeth,
nun bin ich schon so lange von Ihnen getrennt! Ich bewundere Ihre Geduld mit meinem Beruf, der mich so lange Ihre Nähe entbehren lässt. Die Arbeit auf der Baustelle geht gut voran und ich habe tüchtige Arbeiter, ich bewundere ihren Fleiß und ihre Ausdauer. Erst gestern saß ich abends mit den Männern zusammen und erzählte ihnen von Ihrer Schönheit und Ihrem Edelmut. Ich vermisse Sie sehr. Passen Sie gut auf sich auf.
Für immer Ihr ergebener
Bernhard

Seite 77
3

Meine geliebte Elisabeth,
nun bin ich schon so lange von Dir getrennt! Ich bewundere Deine Geduld mit meinem Beruf, der mich so lange Deine Nähe entbehren lässt. Die Arbeit auf der Baustelle geht gut voran und ich habe tüchtige Arbeiter, ich bewundere ihren Fleiß und ihre Ausdauer. Erst gestern saß ich abends mit den Männern zusammen und erzählte ihnen von Deiner Schönheit und Deinem Edelmut. Ich vermisse Dich sehr. Pass gut auf Dich auf.
Für immer Dein ergebener
Bernhard

Großschreibung von Eigennamen
Seite 78
1

a) Die **Deutsche** Bahn ist verantwortlich für die Instandhaltung aller Bahnlinien.

b) Hobbygärtner kennen das **Fleißige** Lieschen, eine heimische Pflanze.

c) Am **Weißen** Sonntag tragen die Kommunionkinder ein **weißes** Kleid.

d) Den **Roten** Platz in Moskau besuchte ich besonders gern.

e) Während des **Zweiten** Weltkriegs gebar sie ihr **zweites** Kind.
f) Der **Große** Wagen ist ein Sternbild, das jedes Kind kennt.
g) In der **Freien** Hansestadt Bremen gibt es die Bremer Stadtmusikanten nur noch als Denkmal.

3
b) Der **Bayerische Wald** ist ein beliebtes Urlaubsziel.
c) Das **Rote Kreuz** ist eine internationale Organisation. Zur Kennzeichnung von Fehlern malte der Lehrer ein **rotes Kreuz** an den Rand.
d) **Karl der Große** wurde 800 n. Chr. zum Kaiser gekrönt.
e) Herr Busch wohnt in einem **weißen Haus**.
f) Die **Schwarze Witwe** ist eine Spinnenart.

Seite 79
5
Auf meinen Reisen habe ich schon allerhand landesübliche Spezialitäten kennengelernt: **Schweizer** Käse, **belgische** Pralinen oder **Königsberger** Klopse. Seit ich die **Mailänder** Boutiquen besucht habe, trage ich nur noch **mailändische** Mode, wobei aber auch die **New Yorker** Designer nicht zu verachten sind. Mit dieser Mode macht man bei den **Salzburger** Festspielen oder in den feinen **französischen** Restaurants immer eine gute Figur.

7
Bremer Stadtmusikanten, französischer Rotwein, griechische Inseln, Kieler Woche, Münchner Oktoberfest, Salzburger Nockerln, norwegische Fjorde, Tiroler Schinken, Zürcher Geschnetzeltes

Kleinschreibung
Adjektive mit Rückbezug auf ein Nomen
Seite 80
1
b) Der Ritter hatte gewonnen, sobald er den **gegnerischen** aus dem Sattel gestoßen hatte.
c) Das Lanzenstechen war die gefährlichste Disziplin des Turniers, aber auch die **beliebteste**.
d) Zwei Ritter versuchten, sich mit einer spitzen Lanze aus dem Sattel zu stechen, später verwendete man allerdings eine **stumpfe**.
e) Nur die kräftigsten Pferde, die einen Ritter mit schwerer Rüstung tragen konnten, durften Turnierrösser werden. Sie waren aber auch die **teuersten**.

2
a) Der „Buhurt", ein Massenturnier, bei dem eine große Anzahl Ritter aufeinander losstürmten, war zunächst die am weitesten verbreitete Turnierform, wurde jedoch immer mehr vom Zweikampf verdrängt und war schließlich gar die **seltenste**.
b) Die bedeutendsten Ritter maßen sich im „Tjost", also im Zweikampf, manchmal taten dies auch die nicht so **bedeutenden**.
c) Die erfolgreichen Turnierkämpfer wurden von einer Dame mit einem Siegerkranz bedacht, die **unterlegenen** wurden allerdings nicht mehr beachtet.
d) Hatte sich ein Knappe im Kampf bewährt, wurde er zum Ritter geschlagen, dies geschah aber nicht mit den **erfolglosen**.
e) Vielerorts werden heutzutage diese Ritterturniere nachgestellt, meist nicht aus historischen Beweggründen, sondern eher aus **finanziellen**.

Seite 81
3
Leider hatten die mittelalterlichen Turniere nicht für alle Teilnehmer einen **glücklichen** Ausgang, für nicht wenige sogar einen **tödlichen**. Trotz der strengen Regeln mussten regelmäßig **verletzte** Ritter vom Platz getragen werden, im schlimmsten Fall sogar **tote**. Das Turnierpferd stand unter einem besonderen Schutz, denn der Ritter durfte das **gegnerische** Pferd nicht verletzen. Zudem durfte man nicht auf das Visier des Gegners zielen, schon gar nicht auf das **hochgeklappte**. Ein Hitzschlag war ein weiteres Risiko für die Ritter, und ein nicht gerades **geringes**, denn im Innern der Rüstung wurde es sehr heiß, da nur die Helme kleine Schlitze aufwiesen.

topfit Deutsch – Rechtschreiben 2 © 2006 Oldenbourg Schulbuchverlag

Seite 81/82

4

b) Die mutigsten <u>Turnierkämpfer</u> waren nicht immer auch zugleich die **stärksten**.

c) Im Winter trage ich gern dunkle <u>Farben</u>, im Sommer aber auch **helle**.

d) Auf dem Fest dominieren vor allem die lauten <u>Klänge</u>, Florentine liebt jedoch mehr die **leisen**.

e) Das war die lustigste <u>Geschichte</u>, die ich je gehört habe, und zugleich auch die **schaurigste**.

f) Der Burgherr besitzt fast nur schnelle <u>Pferde</u>, leider aber auch ein paar **langsame**.

Seite 82/83

6

b) **trägste** (Knappe), **Trägste** (-)
c) **liebe** (Dame), **Liebe** (-)
d) **Witziges** (-), **witzigen** (Geschichten)
e) **langweiligen** (Gäste), **Langweiliges** (-)
f) **beste** (Geschichte), **Beste** (-)
g) **Passende** (-), **passende** (Rüstung)

Seite 83

7

anwesenden, angemeldeten, Wichtigste, hölzernen, eisernen, bronzenen, begeisterten, leidenschaftlichen, glänzenden, Trauriges, stumpfe, jüngeren, Bestes, Gottloses, erbitterten

Seite 84

9

jüngere, ältere, zukünftigen, zukünftige, bunt, angenehmen, unangenehmen, gute, schlechten, leichten, geladenen, lang, fröhlich

Indefinitpronomen und unbestimmte Zahladjektive
Seite 85

1

Gestern habe ich beim Turnier wieder <u>alle</u> besiegt. <u>Die einen</u> gaben gleich auf, als sie <u>alle</u> meine Muskeln sahen, <u>die anderen</u> versuchten, mir noch <u>etwas</u> entgegenzusetzen, doch <u>jeglicher</u> Feind musste <u>sämtliche</u> Waffen vor meiner Kraft strecken. <u>Nichts</u> und <u>niemand</u> hatte es leicht, leider gab es <u>mehrere</u> Verletzte. <u>Einige</u> behaupten, davon wären die <u>meisten</u> vermeidbar gewesen.
Und eins kann ich euch noch sagen: Die <u>vielen</u>, dir mir zujubelten, beruhigten mich <u>ein wenig</u>, denn mich plagte schon <u>etwas</u> meine schlechtes Gewissen. Ich gebe zu, ich habe gegen <u>einige</u> Turnierregeln verstoßen.

2

Gestern ist mir **etwas** Einmaliges passiert. **Alle/Sämtliche** Gegner gaben noch vor dem Kampf auf, **niemand** wollte gegen mich antreten! Verzweifelt versuchte ich noch, **jemand/jemanden/irgendeinen/manchen** zum Kampf zu überreden, aber vergeblich. Da sage noch **einer/jemand**, ich hätte es mir **viel/ein wenig** zu leicht gemacht.

Denominalisierung
Seite 86/87

1 und 2

angesichts: das Angesicht, zeit: die Zeit, ein paar: das Paar, ernst: der Ernst, wochentags: der Wochentag, teils...teils: der Teil, abends: der Abend, angst: die Angst, kraft: die Kraft

Seite 87

5

Hiermit verkünde ich (<u>trotz</u>) **kraft** meines Amtes, dass (<u>mangels</u>) **dank** meiner überaus großen Güte wieder einem Menschen geholfen werden konnte.
Ich habe (<u>dank</u>) **trotz** meiner vielfältigen Aufgaben die Zeit gefunden, dem Mann (<u>zeit</u>) **namens** Steiner zu helfen, da er (<u>kraft</u>) **mangels** finanzieller Mittel keine Möglichkeit hat, seine Familie zu ernähren.
Dieser Urkunde (<u>namens</u>) **zufolge** wird ihm ein Stück Land verpachtet, das er (<u>zufolge</u>) **zeit** seines Lebens für mich zu bewirtschaften hat.

Seite 88

6

die Kraft, der Dank, der Trotz, der Name, der Mangel, die Folge, die Zeit

7

Arbeit und Pflichterfüllung kenne ich **zeit** meines Lebens. Gott sei **Dank** besteht auf der Burg kein **Mangel** an Vorräten, denn **trotz** großer Widrigkeiten konnte ich **dank** meines Fleißes und meiner **Kraft** der Burg und allen Bewohnern zu Wohlstand und Reichtum verhelfen. Somit kann ich jetzt endlich die Früchte meiner Arbeit ernten, das wird die beste **Zeit** meines Lebens!
Mein guter **Name** ist im ganzen Land bekannt und **angesichts** der großen Herausforderungen, die noch auf mich zukommen werden, bin ich gerüstet. Ich verfüge **kraft** meines Amtes über eine stattliche Anzahl von Rittern, unter denen der furchtloseste Kämpfer des Landes **namens** Haudegen ist. Meine Burg wird die berühmteste des Landes - allen Neidern zum **Trotz**!

Seite 89

10

A N G S T	B A N G E	E R N S T
G R A M	L E I D	P L E I T E
R E C H T	S C H U L D	U N R E C H T

1 = A	7 = G	14 = N
2 = B	8 = H	16 = P
3 = C	9 = I	18 = R
4 = D	12 = L	19 = S
5 = E	13 = M	20 = T
		21 = U

Seite 89/90
11

Ritter Semmelweich klagt seiner Liebsten sein **Leid**: Mir <u>wird</u> heute noch **angst** und **bange**, wenn ich an meine Begegnung mit Ritter Haudegen denke. Es <u>war</u> ihm vollkommen **ernst** damit, mich dem Erdboden gleichzu-machen. Er schrie mir noch entgegen: „Ich <u>bin</u> es **leid**, immer nur mit Schwächlingen konfrontiert zu werden." Sicherlich wollte er mir schweres **Leid** antun. Wenn du ihn gesehen hättest, würdest du mir **Recht/recht** geben. Zunächst sprach ich mir noch Mut zu: „Nur keine **Angst/Bange**, Ritter Semmelweich, sein arrogantes Auftreten wird ihm noch **leid**tun." Doch dann wollte er allen **Ernstes** mit bloßen Händen auf mich losgehen. Bitte <u>sei</u> mir nicht **gram**, dass ich dann die Flucht ergriffen habe. So eine **Pleite**!
Schimpfe mich einen Feigling und ich muss dir sicherlich **Recht/recht** geben, bestrafe mich mit scharfen Worten – mir soll es **recht** <u>sein</u>. Doch bitte strafe mich nicht mit deiner Verachtung, damit tätest du mir **Unrecht/unrecht**, denn schließlich habe ich das nur für uns getan. Ich habe nur an unsere gemeinsame Zukunft gedacht und wollte dich nicht alleine zurücklassen. Nur darin liegt meine **Schuld**. Schließlich will ich ja mit dir mein Leben in Freud und **Leid** teilen.

Tageszeitbezeichnungen
Seite 91
1

Ein Knappe muss **morgens** sehr früh aufstehen, denn das Pferd muss versorgt werden. Auch **heute** ist für den Knappen Harald so ein Tag, an dem er sich **morgens**, **mittags** und **abends** besonders gut um das Pferd kümmern muss. Kuniberts Hengst Bento hatte sich nämlich beim Turnier leicht verletzt. Schon **vorgestern** hatte Bento leicht gehumpelt. Kunibert ist sehr besorgt. Er will, wenn es bis **übermorgen** nicht besser ist, einen Heilkundigen zu Rate ziehen. Spätestens **morgen** müsste Harald dann nach Mainz reiten, um den alten Hanjo zu holen. Harald hofft, dass es heute Abend Bento schon besser geht.

Seite 92
5 und 6
Adverb: heute, gestern, morgen, übermorgen, vorges-tern, (morgens, mittags, abends, nachts)

Adverb + Nomen: gestern Morgen, morgen Mittag, heute Abend, morgen Vormittag, (heute Morgen, morgen Abend, gestern Mittag, übermorgen Abend, heute Mittag)

Artikel + Nomen: der Montag, der Mittag, der Diens-tag, der Abend, (der Vormittag, der Mittwoch, der Donnerstag, der Freitag, der Samstag)

Artikel + zusammengesetztes Nomen: der Dienstaga-bend, der Freitagnachmittag, der Montagvormittag, (der Montagabend, der Mittwochabend, der Donnerstagmor-gen, der Samstagmorgen, der Sonntagmittag)

Seite 92/93
7

gestern Vormittag, gestern Mittag, morgen Abend, Freitagnachmittag, Samstagabend, Montagmorgen

Seite 93
10

abends, vorgestern, Nachmittag, sonntags, Sonntagnach-mittag, gestern Morgen, morgens, morgen Mittag, übermorgen Nacht

Seite 94
11

Das Turnier auf Burg Sassenstein wird **übermorgen Vormittag** stattfinden.
Ich darf mich **heute Abend** mit Florentine treffen.
Die Unterweisung meines Pagen im Lanzenstechen fand **am Montagnachmittag** statt, die Unterweisung im Bogenschießen wird **am nächsten Donnerstagvormit-tag** stattfinden.
Mit David vertrieb ich mir **vorgestern Abend** mit Würfelspielen die Zeit.
Den Gottesdienst in der Burgkapelle besuche ich immer **sonntags vormittags / sonntagvormittags.**
Bei der Wildschweinjagd **am Dienstagmorgen** war ich sehr erfolgreich.
Der Waffenpflege werde ich mich **am nächsten Samstag-nachmittag** widmen müssen.
Die Abrichtung meines Falken erfolgt immer **am Diens-tagnachmittag / dienstags nachmittags / dienstag-nachmittags.**

Gesamtübung II
Seiten 96 – 98
1

a) Der Bischof zu seinem Dombaumeister: Ich möchte <u>einen</u> **Dom** erbauen, der <u>die</u> **Kirchen** in Frankreich überstrahlt und <u>mein</u> **Ansehen** steigert.
Regel Nr. 1: **Artikel** und **Possessivpronomen** sind Signalwörter für Nomen bzw. für nominalisierte Adjektive und Verben.

b) Ritter Kunibert über Kuno:
Dieser Kuno hält sich für etwas **Besonderes**, dabei ist er nur ein **besonderer** Aufschneider, der nur im **Angeben** gut ist.

Regel Nr. 2: Wenn Adjektive und Verben in die Wortart der Nomen übertreten, werden sie **großgeschrieben**.

c) Knappe Harald zu Ritter Kunibert:
Soll ich **Ihnen Ihre** Rüstung polieren oder soll Hermine das übernehmen, da **sie** für **ihre** Geschicklichkeit berühmt ist und **Sie** sicher mit **ihr** zufrieden sein werden?
Regel Nr. 3: Die höfliche Anrede wird **großgeschrieben**.

d) Kuno der **Wagemutige** kehrte im Gasthaus „**Grüner** Maulwurf" ein und gönnte sich eine **Schwarzwälder** Torte.
Regel Nr. 4: Adjektive werden großgeschrieben, wenn sie Bestandteil eines **Eigennamens** sind. Orts- und Ländernamen auf **-er** werden ebenfalls **großgeschrieben**.

e) Burgherrin zur Magd Hermine:
Räume endlich die **gebügelte** Wäsche in den Schrank und wasche gleich die **schmutzige**.
Regel Nr. 5: Adjektive, vor denen ein Artikel steht, werden kleingeschrieben, wenn sie sich auf ein Nomen **rückbeziehen**.

f) Ritter Haudegen brüstet sich:
Ich kann **alle** und **jeden** besiegen, **nichts** und **niemand** kann mir **etwas** anhaben und die **meisten** haben das endlich eingesehen.
Regel Nr. 6: Indefinitpronomen und unbestimmte Zahladjektive werden **kleingeschrieben**.

g) Ritter Kunibert spricht wieder einmal über sein Lieblingsthema, sich selbst:
Meine Geschichten sind **dank** meiner Fantasie und **kraft** meiner Stimme einfach die eindrucksvollsten. Ihr gebt mir sicherlich **Recht/recht**, was mir sehr **recht** wäre.
Regel Nr. 7: Wenn Nomen in eine andere Wortart übertreten, schreibt man sie **klein**.
In der Verbindung mit den Verben *sein, bleiben, werden* werden *angst und bange, ernst, leid, schuld, recht, unrecht* wie Adjektive behandelt, also **kleingeschrieben**.

h) Magd Hermine zu Knappe Harald:
Wir können uns **morgen Mittag** treffen, ich bin zwar **mittags** immer beschäftigt, aber am **Montagmittag** habe ich frei.
Regel Nr. 8: Zeitangaben schreibt man **klein**, wenn sie Adverbien sind. Man schreibt sie **groß**, wenn sie Nomen sind.

Fremdwörter
Fremdwörter richtig schreiben
Seite 99

1

Arbeitsloser <u>Musikant</u> sucht dringend Arbeit, <u>Flexibilität</u> und <u>Mobilität</u> vorhanden!

Werden Sie in kurzer Zeit Ihre Geldsorgen los! Biete Neben<u>job</u>, <u>interessant</u> und <u>rentabel</u>, Führerschein und Telefonanschluss erforderlich.

Besuchen Sie die Aufführung des Stückes „Der <u>ignorante</u> Präsident", ein <u>kulturelles</u> Ereignis, <u>amüsant</u> und zugleich <u>intellektuell</u> anspruchsvoll!

Wollten Sie schon immer auf der Höhe der Zeit und umfassend <u>informiert</u> sein? Werden Sie <u>Abonnent</u> unserer Zeitung! <u>Interessenten</u> wenden sich bitte an die <u>Redaktion</u>.

2

-abel:	rentabel
-ant:	Musikant, interessant, ignorant, amüsant
-ell:	kulturell, intellektuell
-ent:	Präsident, Abonnent, Interessent
-ion:	Redaktion
-tät:	Flexibilität, Mobilität

Seite 99/100

3 und 4

-abel:	akzeptabel = annehmbar
	blamabel = beschämend, peinlich
-ant:	Demonstrant = Teilnehmer an einer Demonstration/Massenkundgebung
	Informant = jemand, der (geheime) Informationen liefert
-ell:	industriell = die Industrie betreffend
	sensationell = aufsehenerregend
-ent:	Produzent = jemand, der etwas produziert/erzeugt/hervorbringt
	Konsument = Käufer, Verbraucher
-tät:	Banalität = Plattheit, Fadheit
	Autorität = einflussreiche Persönlichkeit von hohem Ansehen

Seite 100

5

-ENT:	Kompliment, Monument, Pergament, Sakrament
-AL:	Admiral, liberal, lokal, regional
EX-:	exakt, Examen, Exkurs, extrem
-ION:	Aktion, Funktion, Lektion, Nation, Tradition
KON-:	Konditor, Konfekt, konkret, Konkurs, Kontakt

Seite 101

6

Konditor	lokal
Tradition	Pergament
Funktion	Exkurs
liberal	Kompliment
Examen	konkret

7

chauffieren, demonstrieren, garantieren, fantasieren, gratulieren, illustrieren, informieren, korrigieren, kritisieren, montieren, musizieren, operieren, praktizieren, produzieren, restaurieren, studieren

Seite 102/103

11

katastrophal, Methode, Rheuma, sympathisch, Rhinozeros, Asphalt, Orthopäde, Rhapsodie, Apotheke, Rhabarber, Atmosphäre, Kathedrale, Thermostat, Metapher, Rhythmus, Alphabet, Rhetorik

PH	RH	TH
katastrophal	Rheuma	Methode
Asphalt	Rhinozeros	sympathisch
Atmosphäre	Rhapsodie	Orthopäde
Metapher	Rhabarber	Apotheke
Alphabet	Rhythmus	Kathedrale
	Rhetorik	Thermostat
		Rhythmus

Seite 103

13

a) Im Musikunterricht besprachen wir den **Rhythmus** der Ungarischen **Rhapsodie** von Liszt.

b) Die **Atmosphäre** während des Fußballspiels war angespannt.

c) Mit meiner Sportverletzung ging ich zum **Orthopäden**, der mich mit einem Rezept in die **Apotheke** schickte.

d) In der ersten Klasse lernen die Schüler das **Alphabet**.

e) Sie war mir sofort **sympathisch**, da sie mir **Rhabarber**kuchen, meine Lieblingsspeise, servierte.

f) Die berühmte **Kathedrale** von Paris heißt „Notre-Dame".

Seite 104

15

Die **Dir**ektorin des **Kon**zerns sichtete die für sie interes-**sant**en Dokum**ent**e und begann eine **Dis**kussion über den **Kon**flikt mit der Konkurr**enz**. Sie mahnte an, alle ration**al**en Argum**ent**e der Gegenseite zu respekt**ieren**, sich auf keine **Ex**perimente einzulassen und nicht mit Arrog**anz** zu reag**ieren**. Sie trat für eine neue Organisati-**on** der Fili**al**en und für die Produk**tion** neuer **Pro**spekte ein.

Gesamtübung III
Seite 105/106

1 und 2

Ungern mache ich mir selbst (<u>Klimpomente</u>) **Kompli-mente** oder (<u>grulatiere</u>) **gratuliere** mir zu meinen großartigen und (<u>amasünten</u>) **amüsanten** Geschichten mit vielerlei (<u>isseranetinten</u> <u>Tehmen</u>) **interessanten Themen**. Doch immerhin muss ich Sie darüber (<u>infiermoren</u>)

informieren, dass mir auf meiner Tournee durch alle Burgen Europas immer (<u>rektespabler</u> <u>Trimuph</u>) **respektabler Triumph** gewiss ist und die jeweilige (<u>lakole Primonenz</u>) **lokale Prominenz** von der (<u>Pefrektion</u>) **Perfektion** meines Vortrags begeistert ist.

Dabei (<u>gierantart</u>) **garantiert** mir mein (<u>sansetionelles</u>) **sensationelles** Können, das ich vor illustrer Gesellschaft (<u>diemenstroren</u>) **demonstrieren** darf, immer gute (<u>Kantokte</u>) **Kontakte** zum Adel und sogar zum **Thron**. Natürlich beschert mir meine Tätigkeit auch (<u>metarielle</u>) **materielle** Vorteile, doch mich treiben nicht (<u>faninzielle</u>) **finanzielle** Beweggründe, sondern vielmehr die Pflege der (<u>Tridation</u>) **Tradition** und des (<u>kutlurellen</u>) **kulturellen** Lebens.

Ich muss keine (<u>Kenkorrunz</u>) **Konkurrenz** fürchten, denn in meiner Branche hat keiner eine (<u>raele</u>) **reale** Chance gegen die Routine, mit der ich meine Auftritte (<u>priktaziere</u>) **praktiziere**. Außerdem (<u>engiegare</u>) **engagiere** ich mich für den (<u>Turousmis</u>) **Tourismus**, da ich immer Souvenirs aus den einzelnen (<u>Riogenen</u>) **Regionen** erwerbe.

Worttrennung am Zeilenende
Wörter richtig trennen
Seite 107

1 und 2

Dom/bau/meis/ter/ur/kun/de
Stein/hau/er/spalt/werk/zeu/ge
He/xen/ge/richts/pro/zes/se
Knap/pen/aus/bil/dungs/an/lei/tung
Burg/her/rin/nen/ge/mä/cher
Stadt/ent/wick/lungs/maß/nah/men
Ka/the/dra/len/glas/fens/ter/mo/sa/ik

Seite 107/108

4

Beispiele: Lo-chen, Ze-cke, er-le-ben, Schu-le, Ker-le, Le-ben, Sa-chen, kos-ten, Er-ker, he-ben, Lo-cke, Spit-ze, Ze-he, Ker-ze, Len-ker

Seite 108

5

Im Mit/tel/al/ter be/trieb man die Kör/per/pfle/ge noch nicht so wie heu/te. Da/zu war das Was/ser viel zu kost/bar. Die meis/ten be/netz/ten sich nur nach der Ar/beit den ver/schwitz/ten Ober/kör/per und säu/ber/ten sich die Hän/de. Im Som/mer ba/de/te man im Fluss, um Läu/se und Flö/he weg/zu/wa/schen. Mit jun/gen Zwei/gen oder Kräu/tern putz/te man sich die Zäh/ne. Nur die Burg/her/ren konn/ten sich leis/ten, mit teu/rem Feu/er/holz Was/ser zum Ba/den zu er/hit/zen. Man goss es in ei/nen Zu/ber und streu/te duf/ten/de Blü/ten hi/nein.

topfit Deutsch – Rechtschreiben 2 © 2006 Oldenbourg Schulbuchverlag

6

RU-**FEN**, **FENS**-TER

BLIN-**DER,** HAUPT-SCHLAG-**ADER**

EN-GEL, **ENG**-PASS

LA-CHEN, **LAS**-TER

LE-SEN, **LEN**KEN

BER-LIN, **ÜBER**-FALL

GE-HEN, ÄR-**GER**

MON-TAG, **MONS**-TER

LEN-**KER**, LE-**CKER**

HE-BEN, **HEL**-FEN

IM-MER, **IMP**-FEN

KA-BEL, **KAS**-TEN

OF-**FEN**, **OFEN**-ROHR

6

RU-**FEN**, **FENS**-TER

BLIN-**DER,** HAUPT-SCHLAG-**ADER**

EN-GEL, **ENG**-PASS

LA-CHEN, **LAS**-TER

LE-SEN, **LEN**KEN

BER-LIN, **ÜBER**-FALL

GE-HEN, ÄR-**GER**

MON-TAG, **MONS**-TER

LEN-**KER**, LE-**CKER**

HE-BEN,**HEL**-FEN

IM-MER,**IMP**-FEN

KA-BEL,**KAS**-TEN

OF-**FEN**,**OFEN**-ROHR